SURUGADAI*-SHupp@nsh@

JN046334

Tome 1

Nouve@u

par
Franço*s
ROUSSEL
et
Seiji MARUKAWA

○ 音声について ○

本書内、音声マーク が付いている箇所は音声が収録されています．
下記 URL を入力するか，QR コードより「音声無料ダウンロード＆スト
リーミング専用サイト」をご利用ください．弊社 HP から『新 トーム・アン』
を検索し，「音声無料ダウンロード＆ストリーミング専用サイトはこちら」
からも同ページにアクセスできます．

https://stream.e-surugadai.com/books/isbn978-4-411-01143-5/

録音： フランソワ・ルーセル／ジャニック・マーニュ／
レナ・ルーセル／イザベル 伊東

Tome 1 装丁，挿絵：やまぐちヨウジ
Tome 1 写真： F. de La Mure / MAE（p.51），F. Eberhardt / MAE（p.23, p.51），Y-J. Chen / MAE（p.51），Kevin.B（p.15）[1]，
Prof saxx（p.15）[2]，Eddy Van 3000（p.15）[4]，Peter Stehlik PS-2507（p.19）[2]，Arnaud 25（p.19）[1]，
Seiji Marukawa（p.23, p.27, p.110），TL（p.23）[5]，Myrabella（p.23）[2]，Rama（p.31）[2]，
Jerrysteiner（p.35）[3]，Concerts Radio France（p.35）[2]，SeesSchloss（p.43）[2]，Guimard（p.43）[2]，
Philipendula（p.43）[2]，Truzguiladh（p.43）[3]，Fugitron (montage)（p.47）[1]，J Poitevin（p.47）[1]，
Chris93（p.47）[1]，Maya-Anaïs Yataghène（p.47）[1]，Mstyslav Chernov（p.47）[1]，ERIC SALARD（p.47）[1]，
Karimagicien（p.47）[1]

[1] CC BY-SA 4.0 (https://creativecommons.org/licenses/by-sa/4.0/deed.fr)
[2] CC BY-SA 3.0 (https://creativecommons.org/licenses/by-sa/3.0/deed.fr)
[3] CC BY-SA 2.5 (https://creativecommons.org/licenses/by-sa/2.5/deed.fr)
[4] CC BY-SA 2.0 (https://creativecommons.org/licenses/by-sa/2.0/deed.fr)
[5] Licence Art Libre（Copyleft : http://www.artlibre.org）

Tome 1 bis 挿絵： Y.M.
Tome 1 bis 写真： Tom*（p.65）
Digital Globe**（p.65）
© Centre Vidéo de Bruxelles / Gilles Laurent（p.65）

* Licence CC BY-SA 2.0
(http://creativecommons.org/licenses/by-sa/2.0/fr/deed.fr)
** Licence CC BY-SA 3.0
(http://creativecommons.org/licenses/by-sa/3.0/deed.en)

まえがき

Tome 1 の初版が刊行されたのが 2004 年ですので，2024 年で早 20 年を迎えることになります．この間，数度の改訂を経ましたが，一度でも Tome 1，続編の Tome 1 bis を使ってくださった先生方にまず感謝いたします．

この度，これら二冊を合本として，駿河台出版社から新装版を刊行することになりました．

この 20 年間で，英語以外の外国語学習の環境は，インターネットの普及と自動翻訳の発達などで著しく変わりました．何か言葉を発すると，それが望む外国語へ機械的に訳され，一切の外国語「学習」が疑問視される日すら来るかもしれません．それでありながら，言葉のアナログな学習にこだわる理由は，外国語を話す（のに必要な簡単な作文力を身につける）こと，そのために言葉を覚え，そして徐々に外国語の文が読めるようになることが，他文化，他者理解のための重要なステップであるという確信です．

この教科書はしたがって，フランス人と日本人の密接な協力によって，実際の日常会話で使われるフランス語と，段階的な基本文法の学習をできるだけかみ合わせて進めようとしたものとなっています．

教科書の各課はそれぞれ，1）ダイアローグ，2）文法，3）練習問題，4）フランスの文化・社会紹介欄の 4 ページで構成されています．各課の文法内容は基本的なものにおさえ，細かい，あるいは難しい文法事項は巻末の補遺で説明を加えました．ダイアローグと例文の作成においては，未習の文法事項が突然入ってくることがないよう配慮してあります．また，よく使う動詞や熟語的表現等は各課と巻末の練習問題で補充してあります．巻末の練習問題（Bilan）はややレベルが高めで，講読用のテキストも含んでいます．付属の教授用資料でさらなる練習問題を準備していますので，必要に合わせ，適宜お使いいただくことが可能です．また，活用表は従来の接続法まで含むものの他，現在形のみのものも準備してあります．

末尾となりましたが，旧版の Tome 1，Tome 1 bis を長年使ってフランス語教育にご尽力いただいた伊藤なお先生にこの場を借りて感謝申し上げます．

2023 年 9 月

フランソワ・ルーセル　　丸川誠司

目　次

Leçon 0

◆Alphabet [alfabɛ] 🔊 002

A	a	[ɑ]	𝒜	𝒶	N	n	[ɛn]	𝒩	𝓃
B	b	[be]	ℬ	𝒷	O	o	[o]	𝒪	𝑜
C	c	[se]	𝒞	𝒸	P	p	[pe]	𝒫	𝓅
D	d	[de]	𝒟	𝒹	Q	q	[ky]	𝒬	𝓆
E	e	[ə]	ℰ	𝑒	R	r	[ɛːr]	ℛ	𝓇
F	f	[ɛf]	ℱ	𝒻	S	s	[ɛs]	𝒮	𝓈
G	g	[ʒe]	𝒢	𝑔	T	t	[te]	𝒯	𝓉
H	h	[aʃ]	ℋ	𝒽	U	u	[y]	𝒰	𝓊
I	i	[i]	ℐ	𝒾	V	v	[ve]	𝒱	𝓋
J	j	[ʒi]	𝒥	𝒿	W	w	[dubləve]	𝒲	𝓌
K	k	[kɑ]	𝒦	𝓀	X	x	[iks]	𝒳	𝓍
L	l	[ɛl]	ℒ	𝓁	Y	y	[igrɛk]	𝒴	𝓎
M	m	[ɛm]	ℳ	𝓂	Z	z	[zɛd]	𝒵	𝓏

◆つづり字記号

´ アクサン・テギュ (accent aigu) : é
` アクサン・グラーヴ (accent grave) : è, à, ù
^ アクサン・シルコンフレクス (accent circonflexe) : â, ê, î, ô, û
ç セ・セディーユ (c cédille)
¨ トレマ (tréma) : ë, ï, ü

◆フランス語の音 🔊 003

フランス語の母音は全部で16種類あり, 日本語と同じように口だけで発音している口腔母音が12個, そしてフランス語特有の, 鼻から息を抜きながら発音する鼻母音が4個ある.

口腔母音　[i] [e] [ɛ] [a]　[ɑ] [ɔ] [o] [u]　[y] [ø] [œ]　[ə]

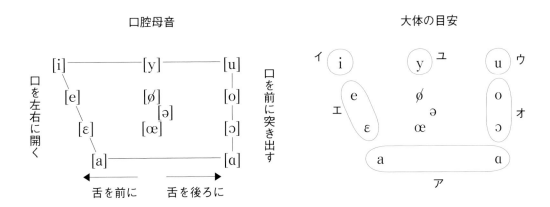

口腔母音　　　　　　　　　　大体の目安

鼻母音　　[ã] [ɛ̃] [ɔ̃] [œ̃]
半母音　　[j] [ɥ] [w]
子　音　　[p] [b] [t] [d] [k] [g] [f] [v] [s] [z] [ʃ] [ʒ]　[m] [n] [ɲ] [l] [r]

◆つづり字の読み方

1) 母音字1つの読み方 🔊 004

a, à, â	[a] [ɑ]*	ami [ami]	là [la]	âge [ɑ:ʒ]
é ; è, ê	[e] [ɛ]*	café [kafe]	mère [mɛr]	tête [tɛt]

*[a] [ɑ] の区別にはこだわる必要はない. [e] [ɛ] の場合, [ɛ] は口を大きく開いて言う.

e	[-] [ə] [e]	madame [madam]	petit [pəti]	merci [mɛrsi]

☆eの発音の目安：語尾のeは無音. 語頭のeは [ə] と発音することが多い. Merci のように, 発音される子音字(ここでは r) の前は [ɛ] と発音. Alphabet のように発音されない子音字の前は [ɛ] (ないし [e]).

i, î, y	[i]	ici [isi]	stylo [stilo]
o, ô	[o] [ɔ]	hôtel [o(ɔ)tɛl]	
u, û	[y]	sûr [syr]	

2) 特別な読み方の母音字の組み合わせ 🔊 005

ai, ei	[ɛ]	mai [mɛ]	Seine [sɛn]
au, eau	[o]	sauce [so:s]	eau [o]
eu, œu	[ø] [œ]	bleu [blø]	fleur [flœr]
ou	[u]	amour [amur]	

3) 母音字＋ n, m（鼻母音） 🔊 006

an, am, en, em	[ɑ̃]	grand-père* [grɑ̃pɛr]	ensemble [ɑ̃sɑ̃bl]

＊フランス語ではハイフンのことをトレ・デュニオン (trait d'union) と言う.

in, im,		vin [vɛ̃]
yn, ym,	[ɛ̃]	sympathique [sɛ̃patik]
ain, aim		pain [pɛ̃]
ein		peinture [pɛ̃tyr]
on, om	[ɔ̃]	non [nɔ̃] nom [nɔ̃]
un, um	[œ̃]	un [œ̃] parfum [parfœ̃]

4) 二重の母音字（半母音） 🔊 007

i + 母音字	[j]	piano [pjano]
u + 母音字	[ɥ]	nuit [nɥi]
ou + 母音字	[w]	oui [wi]
oi	[wa]	soir [swar]

☆その他（半母音）

母音字 + **il(l)**		travail [travɑj] soleil [sɔlɛj] feuille [fœj]
子音字 + **il(l)**	[ij]	famille [famij]
ay	[ɛj]	crayon [krɛjɔ̃]
oy	[waj]	voyage [vwajaʒ]

5) 注意すべき子音字 🔊 008

c : ca, co, cu	[k]	coca [kɔka]
ce, ci	[s]	ceci [səsi]
ç : ça, ço, çu	[s]	ça [sa]
g : ga, go, gue	[g]	gare [gɑr] langue [lɑ̃g]
ge, gi	[ʒ]	rouge [ruʒ]
s（母音字にはさまれた場合）	[z]	maison [mɛzɔ̃]
qu	[k]	musique [myzik]
th	[t]	thé [te]
ph	[f]	téléphone [telefɔn]
gn	[ɲ]	montagne [mɔ̃taɲ]
ch	[ʃ]	chat [ʃa]
h	[-]	homme [ɔm]

☆フランス語では h は発音しない.（詳しくは補遺 p.78 参照）

語尾の子音字は原則として発音しないが, **c, f, l, r** は発音する場合が多い.

avec [avɛk]　　　chef [ʃɛf]　　　animal [animal]　　　mer [mɛr]

◆リエゾン, アンシェヌマン, エリジヨン 🔊 009

フランス語は母音が続くのを嫌うため, 必ず子音と母音をつなげた音節を作って発音する.
そのためいくつかの重要な現象が生じる.

1) **Liaison**：普段発音しない語尾の子音字が次に来る母音字とつなげて発音されること.

Vous‿êtes [vuzɛt]（p.13 参照）

2) **Enchaînement**：これも 2 語をつなげた発音. リエゾンとの違いは最初の語の語尾が既に発音されていること.

Elle‿est [ɛlɛ]（p.13 参照）

3) **Élision**：je, le, la, ce など文法上重要な 1 音節の語に限って生じる現象. これらの語の最後の母音字が落ち, アポストロフ（apostrophe）という記号（'）に変えられること.

Je habite　⇨　J'habite（p.13 参照）

数字（0 〜 10） 🔊 010

0	zéro		
1	un / une	6	six
2	deux	7	sept
3	trois	8	huit
4	quatre	9	neuf
5	cinq	10	dix

フランス語で話してみよう（1） 🔊 011

Bonjour.（今日は）　　　　　　Merci.（ありがとう）　　　　　　Monsieur

Bonsoir.（今晩は）　　　　　　— De rien.（どういたしまして）　　Mademoiselle

Bonne nuit.（お休みなさい）　　　　　　　　　　　　　　　　Madame

Au revoir.（さようなら）

À bientôt.（ではまた）

Leçon 1 「自己紹介」  012,013

1

Jacques : Jacques Simon !　（右手を差し出して）

Nathalie : Nathalie Thomas !　（握手する）

　★　☆　★

2

Nicolas : Bonjour.

Je suis Nicolas Petit.

Je suis français.

Je suis étudiant.

Monique : Bonjour.

Je suis Monique Dubois.

Je suis française.

Je suis étudiante.

　★　☆　★

3

Marie :　Bonjour. Je suis Marie Yamada. Je suis étudiante.

Julien :　Enchanté. Vous êtes japonaise ?

Marie :　Non, je suis française.

Julien :　Vous habitez à Paris ?

Marie :　Oui. Mais je suis de Marseille.

Julien :　Ah bon !

Marie :　Et vous, vous êtes étudiant ?

Julien :　Non. Je suis journaliste.

Marie :　Journaliste !

Grammaire

1. 主語人称代名詞と動詞の活用 🔊 014

1) être の直説法現在形

être			
je	**suis**	nous	**sommes**
tu	**es**	vous	**êtes**
il	**est**	ils	**sont**
elle	**est**	elles	**sont**

> 文型：主語人称代名詞＋ être の活用形＋名前，国籍*，職業を表す名詞

Je *suis* Nicolas Petit.　　　Je *suis* japonais*.　　　Je *suis* étudiant.

*この文型では国籍を表す名詞は小文字で始める.

☆職業や国籍を表す名詞：そのまま être の活用形の後に加えることができる. ただし国籍についてはそのすべてに，職業(身分)についてはその多くに，男性形と女性形がある. 女性形は原則として男性形の語尾に e を加えて作るが，この場合，発音が変わることが多い. また複数形の s は発音されない.

職業(身分)		
	単数	複数
男性	étudiant	étudiant**s**
女性	étudiant**e**	étudiant**es**

国籍		
	単数	複数
男性	Japonais	Japonais*
女性	Japonaise	Japonaise**s**

＊複数形の s の例外：補遺 p.78 参照.

Elle est *japonaise*.　　　Nous sommes *étudiants*.

2) 第 1 群規則動詞 habiter の直説法現在形

habiter			
j'habit**e**		nous	habit**ons**
tu	habit**es**	vous	habit**ez**
il	habit**e**	ils	habit**ent**
elle	habit**e**	elles	habit**ent**

活用語尾 -er	
-e	**-ons**
-es	**-ez**
-e	**-ent**

Vous *habitez* à Tokyo ? — Non, j'*habite* à Saïtama.

不定詞の語尾が -er の動詞は多くがこのように活用する. habiter のほか例えば，

parler : Nous *parlons* japonais.　　　**travailler :** Je *travaille* à Tokyo.
(これらの動詞を活用させてみよう.)

2. 疑問文 (1) 🔊 015

会話では普通の文のイントネーションを変えるだけで疑問文ができる.

Vous êtes étudiante ? ↗ — Oui.
Tu travailles aujourd'hui ? ↗ — Oui, je travaille aujourd'hui.

Exe**r**cice**s**

1. 動詞を適切な形に活用させなさい.

   1) Yuko (être) japonaise. Yuko et Yoko (être) japonaises.
   2) Nous (habiter) à Yokohama.
   3) Jacques (travailler) à Paris.
   4) J' (aimer) Tokyo.
   5) Vous (parler) français ? — Oui, je (parler) français.
   6) Michael Jackson (chanter) et (danser).

2. 問いに対する答えを完成させなさい.

   1) Vous êtes étudiant(e)* ? — Oui. Je suis ....
   2) Vous travaillez aussi ?   — Oui, ...
   3) Vous parlez français ?   — Non. Je .... japonais.
   4) Vous habitez à Tokyo ?   — Oui. / Non. ....
   5) Vous êtes de Tokyo ?   — Oui. / Non. ....
   6) Vous êtes français(e)* ? — Non, je suis ....

   *最後の (e) は男性形の étudiant に e を加えると女性形の étudiante になるという意味.

3. 録音を聞き, (   )内に正しいフランス語を書き入れなさい. 🔊 016

   — Bonjour.
   — Bonjour.
   — Je suis Yuko Tanaka. Je suis (   ). Je suis (   ).
   — Enchanté! Je suis Vincent Dufour. Je suis (   ). Je suis (   ).
   — Enchantée!

4. 3 のモデルにならって自己紹介してみましょう.

▶ 総合問題 **(Bilan)** p.86

職業など 🔊 017

étudiant(e)　大学生	professeur(e)　先生	médecin　医者
musicien(ne)　音楽家	employé(e) de bureau　会社員（に匹敵）	

Civilisation

最近のフランス (La France d'aujourd'hui)

＊長距離バス

日本では珍しくない地方間を結ぶ長距離バスですが，フランスでは 2015 年にやっと一般的になりました．それまではフランス国鉄（SNCF）の電車利用を促進する目的で，長距離バスは御法度でした．電車より安い長距離バスは今人気です．ベンツなどの大型バスでフランスの平野を走るのも快適です．

＊ラスコー

2016 年 12 月，仏南西部モンティニャックに，有名なラスコーの壁画のほぼ全部を再現した国際洞窟壁画センターがオープンしました．発見からの展示企画の段階を踏まえ,「ラスコー 4」と呼ばれます．

旧石器時代の洞窟絵画が地面の穴から偶然発見されたのは 1940 年．1 万 5000 年もの間，外気に触れず奇跡的に保存されていました．人類が初めて単純な狩猟生活を越えて絵を描くという冒険に出たのがこれらの壁画です（フランスでは 1994 年に発見されたショーヴェ洞窟がさらに古く 3 万 2000 年前とされます）．洞窟の奥に行くほど,半神半獣や牛に殺される人間などのイメージが現れます．なぜでしょう？

＊「日曜はダメ？ Pas le dimanche ？」

他のヨーロッパの国の多くでは，ほとんどの商店が日曜は休業です．フランスでも，法律で日曜午後の店舗営業は原則禁じられています（ただし 2009 年より大都市や観光地で祝祭日の営業が認められています）．2019 年には，一部のハイパーマーケットがセルフサービスのレジで日曜午後も営業するようになりました．今や，昔と違って祝祭日も開店するデパートなどの大型店舗も増加中です．

パリのデパート

＊第二のジャポニズム（Le second Japonisme）

19 世紀後半，日本の浮世絵がフランスにもたらされ，当時の印象派前後の画家たち（マネやモネ，ゴッホなど）を強く刺激したことは有名な話です．当時パリでは団扇や着物が流行したほど．世界がグローバル化され，本当に異国的なものが少なくなった今日...　近年のフランスで日本のアニメや漫画（la bande dessinée）が流行し，これが第二のジャポニズムと呼ばれたりしています．フランスでは今までフランスやベルギーの伝統的な漫画（「タンタン Tintin」や「アステリックス Astérix」など）が読まれていましたが，今や "manga" が大流行．フランスは現在日本に次ぐ漫画の消費国です．既に 1999 年より，漫画，アニメ，J. ポップ，コスプレのファンが「ジャパン・エクスポ Japan Expo」と呼ばれるフェスティバルをフランス各地で毎年開催し，多くの人々を集めています（パリで開催された 2023 年のジャパン・エクスポは 25 万 5000 人の入場者を数えています）．

Leçon 2

1

Hugo : Tu aimes Ghibli ?

Léna : Ghibli ? Oui, j'adore !

★ ☆ ★

2

Alexandre : J'aime Paris.

J'aime la musique.

J'aime le jazz.

J'aime les cafés.

3

Isabelle : J'aime les animaux.

J'adore les chiens.

J'ai un chien.

★ ☆ ★

4

Aurélie : Tu aimes Ghibli ?

Romain : Ghibli ? Qu'est-ce que c'est ?

Aurélie : C'est un studio d'animation.

Romain : Ah, d'accord !

★ ☆ ★

5

Thomas : J'aime Utada Hikaru.

Élodie : Utada Hikaru ?

Thomas : C'est une femme.

C'est une chanteuse.

Grammaire

1. 名詞の性と数 🔊 020

すべての名詞は男性か女性に区別され，それぞれ単数形と複数形を持つ.

	単数	複数
男性	garçon	garçon**s**
女性	fille	fille**s**

	単数	複数
男性	livre	livre**s**
女性	table	table**s**

☆ただし，語尾を変えるだけで女性形になる名詞もある.

étudiant   ami   chant**eur**   act**eur**

étudiant**e**   ami**e**   chant**euse**   act**rice**

2. 不定冠詞と定冠詞 🔊 021

不定冠詞は不特定のものを表す. 定冠詞は特定のもの，あるいは総称などを表す.

不定冠詞		
	単数	複数
男性	**un** garçon	**des** garçons
女性	**une** fille	**des** filles

定冠詞		
	単数	複数
男性	**le** garçon*	**les** garçons
女性	**la** fille*	**les** filles

＊定冠詞の le, la は，母音字（または発音しない h）で始まる語の前でエリジヨンの対象となる.

l~~e~~ homme ⇨ l'homme   l~~a~~ école ⇨ l'école

C'est *une* photo. Ce sont *des* photos.

C'est *le* journal. Ce sont *les* journaux*.

*例外的な複数形：補遺参照 (p.78).

3. 動詞の活用：avoir の直説法現在形 🔊 022

avoir			
j'**ai**		nous	**avons**
tu	**as**	vous	**avez**
il	**a**	ils	**ont**
elle	**a**	elles	**ont**

J'*ai* un dictionnaire de français.

Tu *as* un stylo ?

❰Exercices

1. 指示に従って冠詞をつけなさい.

定冠詞　　1) (　　　　　) jour　　3) (　　　　　) soleil　　5) (　　　　　) homme
　　　　　2) (　　　　　) nuit　　4) (　　　　　) lune　　6) (　　　　　) terre

不定冠詞　1) (　　　　　) jour　　3) (　　　　　) homme　5) (　　　　　) gens
　　　　　2) (　　　　　) nuit　　4) (　　　　　) femme　6) (　　　　　) chambre

2. 次の文を複数形にしなさい.

1) C'est un livre.　　　　　　　　3) C'est une Chinoise.
2) C'est la voiture de Thomas.　　4) C'est le PC de Sarah.

3. 動詞を適切な形に活用させなさい.

1) Tu (avoir) des cours aujourd'hui ?

2) Vous (avoir) faim ?　— Non, mais j'(avoir) soif.

3) Ils (avoir) raison.　Nous (avoir) tort.

4) Elle (avoir) peur.

5) Ils (chanter) une chanson.

6) Nous (aimer) le professeur de français ?

7) Les Japonais (adorer) le poisson.

8) J'(écouter) la radio le matin.

9) Ils (regarder) toujours la télé, ils (aimer) les films d'animation.

10) Je (chercher) la station de métro.

11) Le cours (commencer*).

12) Je (manger*) un sandwich.　　*注意：commencer, manger の活用 (活用表 p.116, 117 参照).

4. ペアを作り, 次の文にならって音楽の趣味を聞きなさい (下線部を適宜変えること). 🔊 023

　— Tu aimes le J-pop?
　— a) Le J-pop? Oui, j'adore.
　— b) Le J-pop? Non.

（使える表現：le jazz, le rock, le hip-hop, le rap, la musique classique, etc.）

▶▶ 総合問題 (Bilan) p.86

Civilisation

フランス豆知識 (Petits aperçus de la France)

*フランスはどんな国?

フランスは観光, ファッション, ワインと料理の国として知られていますが, 実は農業大国でもあります(2020年度の食料自給率は125%). この一方で, 新幹線のTGV(最高時速574.8 km), 航空機のエアバス, アリアンヌ・ロケットなど先端技術を誇る国です. *日本の2022年度の食料自給率は38%.

アリアンヌ・ロケット

*広いフランス

フランスの国土面積*は544,000 km^2 で, 日本は378,000 km^2 です. この面積に対して人口は日本の半分程度です(53%. 2023年7月現在:日本の1億2540万人に対して6810万人). *海外領土県を除く.

*日本のフランス人

フランス人の170万人以上が国外で生活し, その内約1万5000人が日本に滞在しています. 日本人は131万人以上が国外で暮らしており, その内約3万6000人(2022年)がフランスにいます.

TGV

*フランス人の食生活

一般のフランス人の食生活は日本人が思っているよりずっと質素です. フランスで日常的においしいものは, パン, 約350種類のチーズ, そしてハム, ソーセージ類. もちろんワインは種類が豊富で安くておいしいものもたくさん. ワインを味わうにはおいしい料理が必要に? 「いや, le pain de campagne(田舎風パン)と le saucisson sec(サラミ)か, le fromage(チーズ)でいい」と多くのフランス人は言うでしょう.

パン

*フランス人の宗教

伝統的にカトリック系が多く(約三割), 一部がイスラム教(約一割)ですが, 最近はフランスも無宗教の人が増えています(約半数). またフランスではいわゆる政教分離(la laïcité=非宗教), 政治と宗教の切り離しについては特に敏感で, 様々な法的な制限が設けられています.

*フランス人の休暇など

フランスでは, 1週間の労働時間数は35時間に定められています. また, 1年間で5週間の有給休暇がとれます. ただボーナスは給与一月分が普通です. フランスでは, 年金をもらえる年齢も比較的早く, 今までは62歳でしたが, 64歳からとなる決定が2023年にとられました. マクロン大統領のこの決定に反対する全国規模の大きなデモは記憶に新しいところです. フランスでは労働人口の定年が早くても高い生産性が維持されているのが驚きです.

Leçon 3　　　「紹介：家族は？　家は？」 🔊 024,025

1

Pierre :　Yoko, voilà Jean.

C'est un ami.

C'est un ami français.

2

Pierre :　Jean, voici Yoko.

C'est une amie japonaise.

Elle vient de Tokyo.

3

Yoko :　Avez-vous des frères et des sœurs ?

Jean :　Oui, j'ai deux frères et une sœur.

Et vous ?　Est-ce que vous avez des frères et des sœurs ?

Yoko :　Non.　Je suis fille unique.

4

Jean :　Vous habitez avec vos parents ?

Yoko :　Oui.　J'habite avec ma mère, mon père, ma grand-mère...

et mes deux chiens.

Nous habitons dans une grande maison japonaise.

Et vous ?　Vous habitez avec votre famille ?

Jean :　Non.　J'habite seul dans un petit appartement.

Enfin... avec mon poisson rouge,

nous sommes deux !

Grammaire

1. 動詞の活用：venir の直説法現在形 🔊 026

venir			
je	viens	nous	venons
tu	viens	vous	venez
il	vient	ils	viennent
elle	vient	elles	viennent

Vous *venez* d'où ?
— Je *viens* d'Osaka.

2. 形容詞 🔊 027

フランス語の形容詞は原則として名詞の後に置かれ，名詞の性と数に一致する．

	単数	複数
男性	un problème important	des problèmes important**s**
女性	une question important**e**	des questions important**es**

☆よく使う以下のような形容詞は例外的に名詞の前に置かれる．

Un *bon* restaurant（女性形は *bonne*）　Un *mauvais* jour　Un *grand* magasin　Un *petit* cadeau

Une *jolie* fille　Un *jeune* homme（女性形は同じ）　Un *nouveau** film　Un *beau** garçon

*一部の重要な形容詞は不規則な変化をするので注意（補遺 p.78 参照）．

☆その他：形容詞＋複数名詞の語順の場合，不定冠詞が変化する（補遺 p.78 参照）．

3. 疑問文 (2) 🔊 028

1) Est-ce que を文頭につける（主に話し言葉で）．（ただし文が où などの疑問詞を含まない場合）

Est-ce que vous êtes libre demain ?　　*Est-ce qu'*elle vient aujourd'hui ?

2) 主語と動詞を倒置する（主に書き言葉で）．

Êtes-vous libre demain ?　　*Vient-elle* aujourd'hui ?
Avez-vous des frères et des sœurs ?　　D'où *venez-vous* ?
A-t-il des enfants* ?　　*Aime-t-elle* la viande* ?

* il a, elle a の倒置形では母音が続くので間に -t- を入れる．-er 動詞などの場合も同様（Habite-*t*-il à Tokyo ?）．

☆その他：倒置疑問で，主語が代名詞でないとき（補遺 p.79 参照）．

4. 所有形容詞 🔊 029

je	tu	il, elle	nous	vous	ils, elles
mon	**ton**	**son**			
ma*	**ta***	**sa***	**notre**	**votre**	**leur**
mes	**tes**	**ses**	**nos**	**vos**	**leurs**

mon père　　　*ma* mère
mes parents

*母音字（または多くの h）で始まる語の場合，ma, ta, sa の代わりに mon, ton, son をつける．（例：*mon* amie）

Est-ce que *votre* père travaille le samedi ?　— Oui. Et il est toujours fatigué, *mon* père.

Où est *ton* université ?　— Elle est à Tokyo.

ExerciceS

1. （　　）内の形容詞を必要があれば一致させなさい.

   1) Le feu (vert). / Le feu (rouge).
   2) La bibliothèque est (fermé) aujourd'hui. Elle est (ouvert) demain.
   3) La soupe est déjà (froid), mais le pain est encore (chaud). Voici une salade (vert).
   4) C'est une question (intéressant). (Important) aussi.
   5) C'est sa (nouveau) voiture. Elle est très (cher).　　＊形容詞の女性形 3), 6) 参照 (補遺 p.78).
   6) Il a des cheveux (blanc) et il porte des vêtements (noir).
   7) C'est une très (beau) fille. Je suis (amoureux).　　＊形容詞の女性形 3), 6) 参照 (補遺 p.78).
   8) Elle est toujours (fatigué). Est-elle (malade) ?

2. 指示に従って（　　）内に適切な所有形容詞を入れなさい.

   1) Sapporo est (私の　　　　　　　) ville natale.
   2) (私達の　　　　　　　) maison est petite.
   3) (あなたの　　　　　　　) nom, s'il vous plaît ?
   4) (君の　　　　　　) parents sont sympathiques.
   5) (彼らの　　　　　　　) professeur de français est gentil.
   6) Je téléphone à Cécile. C'est (彼女の　　　　　　) anniversaire !
   7) (私の　　　　　　) amie est triste. (君の　　　　　) amie est drôle.
   8) As-tu (彼の　　　　　　) numéro de téléphone ?
   9) (彼女の　　　　　　) enfants sont malades maintenant.
   10) (あなた達の　　　　　　　) université est grande ou petite ?

3. Est-ce que と倒置形を用いた疑問文にしなさい.

   1) Tu es japonais.　　　　　　　　3) Il travaille beaucoup.
   2) Vous aimez le sport.

4. 自分のこととして次の問いに答えなさい.　🔊 030

   1) Avez-vous des frères et des sœurs ?　　2) Vous habitez avec vos parents ?

▶ 総合問題 (Bilan) p.87

フランス語で話してみよう (2)　🔊 031

... s'il vous plaît. (お願いします)	Bon appétit ! (たっぷり召し上がれ, よいお食事を)
... s'il te plaît. (お願いね)	Pardon ? (何とおっしゃいました？)
D'accord ? (OK ?)	Oh, pardon ! (あ, すみません)
— D'accord. (OK)	

フランスの地理 (La géographie de la France)

＊多様かつ一定

フランスはユーラシア大陸の端, 大西洋と地中海の間でほぼ六角形をなしています. 天気予報で正に "l'Hexagone" (六角形) と呼ばれる形の南東にアルプス, 南西にピレネー, 北東にヴォージュなどの山脈が広がり, 大きな起伏を形成しています. 盆地はパリ, アキテーヌ (ボルドー) など. フランス人は, この六角形の中に多様かつ一定の風景と自然があると考えています. まず地方によって気候と風景は相当異なります. イル=ドゥ=フランス, ノルマンディー, ブルターニュ, アルザス, プロヴァンス... この一方, 四季の長さは均等で, 気温も北欧とアフリカの間で中間的と言えます.

新幹線 (le TGV) でパリから南仏のプロヴァンスに向かってみましょう. 3時間強でその中心都市の港町, マルセイユに着きます. この間に風景は, 湿気のある冷たい平原から日差しの強い乾燥した地中海の海岸に変わります. マルセイユに対し, パリは年間の降雨日数が2倍以上 (約160日). そういえばパリの緯度は札幌より5度高いので (北緯48度), パリは日本人にとっては寒い町です.

フランスの地形の多様性を山の形で, しかも身近に感じることができます. フランスから輸入されたミネラルウォーターのボトルをご覧ください. "Évian" のボトルには起伏の激しいさほど古くない山が描かれています. これはアルプス (les Alpes) です. もし "Volvic" があれば, そのラベルには, 頂上が火山で円形の山が見えると思います. これは中部地方の古い山塊, マッシフ・サントラル (le Massif central) です.

＊フランスの観光名所 (Les sites touristiques)

パリの凱旋門周辺とセーヌ河岸 / シャルトル大聖堂 / モン・サン=ミシェルとその湾 / アヴィニョンのサン・ベネゼ橋, ポン・デュ・ガール (ローマの水道橋) / アルルのローマ遺跡とロマネスク建築...

モン・ブラン

ストラスブール大聖堂

パリ, ノートルダムから

パリ, 凱旋門から

モン・サン=ミシェル

ポン・デュ・ガール

シャンティイ城

Leçon 4　　『何をする？　どこに行く？』 🔊 032,033

1

Alex :　Qu'est-ce que tu fais ce week-end ?

Céline :　Je vais à Enoshima avec des amis.

Alex :　C'est une bonne idée !

Céline :　Tu viens avec nous ?

Alex :　Non. Je reste chez moi.

　　　　Je travaille mon français.

　　　　J'ai un examen lundi*.

★ ☆ ★

2

Aï :　Qu'est-ce que vous faites pendant ces vacances ?

Yoshio :　Je vais aller en France.　À Paris.

Aï :　À Paris ?

Yoshio :　Oui. J'adore cette ville.　C'est mon endroit préféré.

★ ☆ ★

3

François :　Où allez-vous cet été ?

Janick :　Au Canada.

François :　Vous avez déjà votre billet ?

Janick :　Oui. Je viens de réserver.

---

*曜日 p.31 参照

Grammaire

1. 動詞の活用：aller, faire の直説法現在形 🔊 034

aller			
je	vais	nous	allons
tu	vas	vous	allez
il	va	ils	vont
elle	va	elles	vont

faire			
je	fais	nous	faisons [fəzɔ̃]
tu	fais	vous	faites*
il	fait	ils	font
elle	fait	elles	font

Il *va* à Kyoto cette semaine.
Comment *allez*-vous ?
— Je *vais* bien, merci.

* vous の活用が例外的に s で終わる（他に être, dire）.
Je *fais* la cuisine ce soir.
Elle *fait* son travail.

2. 指示形容詞 🔊 035

	単数	複数
男性	ce (cet)	ces
女性	cette	

Ce livre est difficile.
Cette table est chère.
Cet * hôtel est agréable.
Qu'est-ce que *ces* gens font ?

*母音字（または発音しない h）で始まる男性名詞に.

3. 前置詞と定冠詞の縮約形 🔊 036

à le	⇨	au	Vous allez où ? — *Au* marché.
à la			On mange *à la* maison.
à l'			Ils vont *à l'*aéroport.
à les	⇨	aux	Nous allons *aux* États-Unis.
de le	⇨	du	Je reviens *du* travail.
de la			Paris est la capitale *de la* France.
de l'			C'est un professeur *de l'*université de Bordeaux.
de les	⇨	des	Il vient *des* États-Unis.

4. 人称代名詞の強勢形 🔊 037

je	tu	il	elle	nous	vous	ils	elles
moi	toi	lui	elle	nous	vous	eux	elles

ある人を別の人と特に区別するときに用いる.

1) 強調： *Moi*, j'aime beaucoup ce film. Et *toi* ? — *Moi* aussi, j'aime bien.
2) C'est の後： Allô, c'est *toi*, Loïc ? — Oui, c'est *moi*.
3) 前置詞の後： C'est un cadeau pour *vous*.   Tu manges avec *nous* ce midi ?
   ☆その他, 比較級の que の後（p.49 参照）.

5. 近接未来 🔊 038

aller ＋不定詞 * 「今から～するところ」/ 未来

Je *vais rentrer* chez moi.
*「～しに行く」の意味もある.

6. 近接過去 🔊 038

venir de ＋不定詞「今～したばかり」

Le train *vient d'arriver* à la gare de Lille.
☆ venir ＋不定詞は「～しに来る」の意味になる.

Exercices

1. 動詞を活用させなさい.

    1) Ce matin, je (faire) mes devoirs, mes frères (faire) le ménage, et ma mère (faire) la cuisine. Après le déjeuner, nous (faire) la sieste.

    2) Il (aller) où, votre chien ? — Partout ! Nous (aller) partout ensemble.

2. 適切な人称代名詞の強勢形を入れなさい.

    1) (   ), je reste ici. Et (   ), tu vas où ?
    2) Voici Jean et Alex. Je vais à Kyoto avec (   ).
    3) (   ), il ne vient pas* chez (私   ) ce soir.   *ne ... pas は否定形. Leçon 5 参照.

3. それぞれ近接未来と近接過去の両方で書き換えなさい.

    1) Nous terminons ce travail.   2) J'écoute ma musique préférée.

4. 適切な指示形容詞を入れなさい.

    1) (   ) année   2) (   ) mois   3) (   ) homme   4) (   ) étudiants

5. 下線部を，必要があれば直しなさい.

    1) J'ai mal à la tête.   4) Mon père travaille de le matin à le soir.
    2) Il a mal à les dents.   5) Lucie revient de les Alpes.
    3) Elle a mal à l'estomac.   6) C'est le bus de l'hôtel.

6. 録音を聞き，（   ）内に正しいフランス語を一語ずつ書き入れなさい. 🔊 039

    — Qu'est-ce que (   ) (   ) ce week-end ?
    — Je vais à Ginza. Et vous, (   ) (   ) (   ) ?
    — Moi, je vais à la piscine. J'adore ça. /
      Moi, je (   ) (   ) (   ). Je vais (   ) (   ) (   ).

7. 6 のモデルにならって週末の計画を話してみましょう.

    (使える名詞：le cinéma, le musée, la bibliothèque, le restaurant / 動詞：travailler, lire*, téléphoner à ma grand-mère, parler avec des amis   *活用は巻末の活用表参照.)

▶ 総合問題 (Bilan) p.88

国名と前置詞，言語 🔊 040

J'aime le Japon.	J'habite au Japon.	Je parle japonais.
la France	en France	français
la Chine	en Chine	chinois
les États-Unis	aux États-Unis	anglais
l'Angleterre	en Angleterre	anglais
l'Italie	en Italie	italien

フランス語圏 (La Francophonie)

全世界で，フランス語を日常的に（母語ないし第2言語などとして）話している人々の数はほぼ3億2100万人で，この数は現在も増加中です．これは，英語，中国語，スペイン語とアラビア語に次いで世界第5位の規模とされています．フランス語を正式な公用語としている国の数は32カ国（ベルギー，ルクセンブルク，スイス，カナダ，コートジボワール，カメルーン，コンゴ，ハイチ，バヌアツなど）．英語とフランス語のみが，世界の五大陸全部で話されている言語です．アフリカ大陸でフランス語使用者の数が最も多く，約1億4000万人に達しています．英国離脱後，EUにおいては，フランス語を母語とする人の比率は全体の14%となり，首位のドイツ語の16%に続きます（イタリア語が13%．英語は24位）．インターネットでの使用率は，英語の32%がトップですが，中国語（18%）とスペイン語（8%）が続き，フランス語は4位（6%）です．2019年時点で，世界のフランス語学習者の総数はほぼ1億3200万人に達しており，英語に続き世界で二番目に教えられている言語となっています．

毎年3月20日は，世界各国で「フランス語の日」を祝います．日本でもイベントがあります．ご存じでしたか？（日本におけるフランコフォニー推進評議会：https://francophoniejapon.jp/ja/フランコフォニー/）

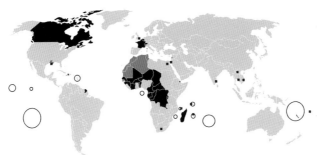

フランス語圏

* **フランス語圏の旅：マラケシュ，モロッコ**（Voyage en francophonie : Marrakech, au Maroc）

中世のたたずまいを今に残す，赤茶けた迷宮のような町の狭い通りを，排気ガスと砂埃をもうもうとさせながら古いスクーターとロバの荷車が所狭しと行き交っています．並ぶのは奇妙な雑貨屋と肉屋や食堂の数々...　中心のジャメル・フナ広場は昼と夜では全く違う賑わい方です．サハラ砂漠も遠くありません．欧米の都市はグローバリゼーションでどこも似てきていますが，アフリカはまだコウノトリやラクダが町に現れます．言葉はアラビア語でなければフランス語ですが，日本人観光客が多いので日本語で話しかけられたりもします．少しでもフランス語を話すと喜ばれるとのこと．

ジャメル・フナ広場

マラケシュの博物館

マラケシュ郊外

Leçon 5　　『パリのカフェ，洋服屋で』🔊 041,042

1　（カフェで）

Léo :　Mademoiselle ! Tenez, c'est pour vous !

Yoko :　Qu'est-ce que c'est ?

Léo :　C'est du chocolat. Vous aimez le chocolat ?

Yoko :　Désolée, je ne mange pas de chocolat.

Léo :　Tant pis !

　　★　☆　★

2　（洋服屋で）

Jérôme :　Bonjour !

Yoko :　　Vous parlez japonais ?

Jérôme :　Non. Je ne parle pas japonais. Désolé.

Yoko :　　Je cherche une polaire* blanche.

Jérôme :　Nous n'avons pas de polaires. Désolé.

3

Jérôme :　Nous avons de très beaux pulls.

Yoko :　　C'est combien, ce pull vert ?

Jérôme :　Trente euros. Ce n'est pas cher !

Yoko :　　Oh mais... je n'ai pas d'argent !
　　　　　　Désolée.

────────────────────

*une polaire ＝フリース（フリース素材のジャケット）

Grammaire

1. 否定文 📢 043

フランス語の否定形は動詞を **ne (n')** と **pas** で挟む.

Je *ne* travaille *pas* le dimanche.

Je *ne* vais *pas* à Paris cet été.

Elle *n'*est *pas* japonaise.

2. 否定疑問 📢 044

Vous n'allez pas en France cet été ?

Est-ce que vous n'allez pas en France cet été ? } — **Non.** Je reste au Japon.

N'allez-vous pas en France cet été ?

N'êtes-vous pas japonaise ?   — **Si,** je suis japonaise.

3. 部分冠詞 📢 045

男性	**du** vin (**de l'**argent)
女性	**de la** bière (**de l'**eau)

数えられない（あるいは具体的に数えていない）名詞の前につけられる. 定冠詞の前に de をつけた形をとり，左のようになる.

Les Français mangent *du* pain, et les Japonais mangent *du* riz.

Il y a encore *du* saké ! — Non, c'est *de l'*eau.

Notre professeur a *de la* patience.

Vous prenez* *du* café ? — Non, merci, je ne prends pas de café. Je n'aime pas le café.

*動詞 prendre の直説法現在形（同型に comprendre, apprendre など）

prendre			
je	prends	nous	prenons
tu	prends	vous	prenez
il	prend	ils	prennent
elle	prend	elles	prennent

4. 否定のときの de （ne ＋動詞＋ pas de ＋名詞） 📢 046

否定文では，他動詞の直接目的語についた不定冠詞と部分冠詞は，de (d') に変わる.

J'ai *un* frère.   ⇨ Je n'ai pas **de** frère.

J'ai *de l'*argent.   ⇨ Je n'ai pas **d'**argent.

Il a *du* courage.   ⇨ Il n'a pas **de** courage.

Elle mange *de la* viande.   ⇨ Elle ne mange pas **de** viande.

Il y a encore *du* vin.   ⇨ Il n'y a plus **de** vin.   (ne ... plus：補遺 p.79 参照)

❿xerciceS

1. 次の文を否定文にしなさい.

1) J'aime le sport.

2) Je regarde la télévision tous les jours.

3) J'ai une sœur.

4) Vous avez de la chance !

5) Il y a du café.

6) Mon père prend des vacances.

7) Je bois* de l'eau.

　　 *boire ⇨ 巻末の活用表を参照.

8) Il a deux enfants.

9) Je parle français.

10) C'est un hôpital.

2. 例にならい, 今日の日付と天気を言いなさい. ◐ 047

Aujourd'hui, nous sommes le 5 juin*. C'est jeudi. Il fait beau.

*1 日のみ：le 1ᵉʳ (premier) ⇨ 付録の序数詞参照(p.109).

▶ 総合問題 (Bilan) p.89

非人称表現：天気 ◐ 048

Il fait chaud.　　　Il fait froid.　　　Il fait beau.　　　Il fait mauvais.

Il pleut.（動詞は pleuvoir）　　Il neige.（動詞は neiger）

月（les mois de l'année） ◐ 049

1 月　janvier	4 月　avril	7 月　juillet	10 月　octobre
2 月　février	5 月　mai	8 月　août	11 月　novembre
3 月　mars	6 月　juin	9 月　septembre	12 月　décembre

数字（11 〜 31） ◐ 050

11　onze	16　seize	21　vingt et un	26　vingt-six	31　trente et un
12　douze	17　dix-sept	22　vingt-deux*	27　vingt-sept	...
13　treize	18　dix-huit	23　vingt-trois	28　vingt-huit	
14　quatorze	19　dix-neuf	24　vingt-quatre	29　vingt-neuf	
15　quinze	20　vingt	25　vingt-cinq	30　trente	

*vingt-deux 〜 vingt-neuf の t は発音.

曜日（les jours de la semaine） ◐ 051

lundi	mardi	mercredi	jeudi	vendredi	samedi	dimanche
月	火	水	木	金	土	日

フランスの文化1（La culture française 1）

＊フランス（語）文学（La littérature francophone）

世界の多数の言語は，そのどれもが，まさにその言語によって書かれた文学と深い関係にあります．言葉は，ある時代と社会に生きた人の感じたこと，知ったこと，考えたこと，想像したことを記すための最も重要な器であり，その最良の部分が，長い歴史を通じて，1つの言語の母体を形作ってきました．その1例である「フランス文学」はヨーロッパ文学で重要な位置を占めています．例えば17世紀のパスカルから，20世紀のプルーストに至るまで…　ところが実は，いわゆるフランス人だけが「フランス文学」を書いているのではないのです．現代のフランス（語）文学は，他国からの，ないしカリブや地中海のフランス語圏の作家たちによっても積極的に構成されています．したがって私たちはこう言うことができます．人はある国に住む，というより，ある言語に住んでいる，と．なぜなら言葉は誰しもを受け入れ，そして私たちの思考や記憶の環境をかたどっているからです．

フランスの哲学者，詩人の一言．
René Descartes : "Je pense, donc je suis."
Blaise Pascal : "Condition de l'homme : inconstance, ennui, inquiétude."
Charles Baudelaire : "La musique creuse le ciel."
René Char : "Vivre, immense limite."
Francis Ponge : "Donnez [...] la parole à la minorité de vous-mêmes."

ボードレール
（G. クールベ画）

パスカルの墓碑

＊みんな知っている物語（On connaît ces histoires !）

『海底2万里』（原題は "20 000 lieues sous les mers"）のネモ艦長を知っていますか？　作者はフランスのジュール・ヴェルヌです（Jules Verne, 19世紀）．『シンデレラ』，『眠れる森の美女』，『赤頭巾ちゃん』（原題はそれぞれ "Cendrillon", "la Belle au Bois Dormant", "Le Petit Chaperon Rouge"）を知っていますか？　作者はフランスのシャルル・ペロー（Charles Perrault, 17世紀）です．

海底2万里

赤ずきん（G. ドレ画）

Leçon 6

『何時に待ち合わせ？』 🔊 052,053

1

Émilie : Quelle heure est-il ?

Antoine : Neuf heures et demie.

Émilie : Déjà ? Merci.

2

Émilie : On va au cinéma cette semaine ?

Antoine : Je veux bien.

Émilie : Qu'est-ce que tu veux voir ?

Antoine : Le dernier Kore-eda.

Émilie : Bonne idée !

Antoine : C'est à quelle heure ?

Émilie : À 20 heures, à Odéon.

3

Émilie : Tu finis à quelle heure aujourd'hui ?

Antoine : À 8 heures. Ce n'est pas possible aujourd'hui.

Émilie : Et demain ? Tu es libre demain ?

Antoine : Non, j'ai déjà quelque chose. Je ne peux pas.

Émilie : Après-demain, alors ?

Antoine : Vendredi ? Oui, je peux.

Émilie : Rendez-vous à 19 heures
à Odéon* vendredi. Ça va ?

Antoine : Ça va.

4

Émilie : Allô ? Tu es où ?

Antoine : Dans le bus. Et toi ?

Émilie : À Odéon. Devant la statue. Tu vois ?

Antoine : Oui, je vois. Reste là. Ne bouge pas. J'arrive dans cinq minutes.

---

*Odéon ＝パリの地下鉄の駅名

Grammaire

1. 疑問形容詞 quel 🔊 054

	単数	複数
男性	**quel**	**quels**
女性	**quelle**	**quelles**

Quelle heure est-il ? — Il est une heure.
（時間の詳しい表現は p.34 参照）
Quel âge avez-vous ? — J'ai dix-huit ans.
Quel est votre nom ?
Quelle histoire !（感嘆文）

2. 動詞の活用：第 2 群規則動詞 finir 及び pouvoir, vouloir, voir の直説法現在形 🔊 055

finir			
je	fin**is**	nous	fin**issons**
tu	fin**is**	vous	fin**issez**
il	fin**it**	ils	fin**issent**
elle	fin**it**	elles	fin**issent**

（同型に choisir, réussir, réfléchir など）

À quelle heure *finissez*-vous vos cours ?
— À 18 heures.

voir			
je	vois	nous	voyons
tu	vois	vous	voyez
il	voit	ils	voient
elle	voit	elles	voient

Tu *vois* quelqu'un ce samedi ?
— Peut-être.

pouvoir			
je	peux	nous	pouvons
tu	peux	vous	pouvez
il	peut	ils	peuvent
elle	peut	elles	peuvent

Pouvez-vous venir ici après-demain ?
— Non, je ne *peux* pas.

vouloir			
je	veux	nous	voulons
tu	veux	vous	voulez
il	veut	ils	veulent
elle	veut	elles	veulent

Voulez-vous du café ?
— Oui, je veux bien.

3. 命令形 🔊 056

	rester	finir
tu	**reste**	**finis**
vous	**restez**	**finissez**
nous	**restons**	**finissons**

Reste ici.
Restez calmes.
Restons encore un peu.
Finissez vite votre travail.
Finissons avant midi.

命令形は直説法現在の tu, nous, vous の活用から作る.
-er 動詞の場合，tu に対する命令形では語尾の s を書かない.

Restes ici. ⇨ Reste ici.

否定命令形：Ne restez pas là !   ☆注意：être, avoir を使った命令形（補遺 p.79 参照）.

Exercices

1. 動詞を活用させなさい.

1) Vous (réussir) toujours aux examens.
2) Mes amis (choisir) souvent des vins excellents.
3) On (voir) la Tour Eiffel d'ici.
4) Quand (pouvoir)-vous venir ? — Je (pouvoir) venir vendredi.
5) Vous (vouloir) finir déjà ? — Oui, nous (finir) tout de suite.
6) Vous (partir*) déjà ? — Oui, je (partir) maintenant.   *活用は下の表参照.
7) Vous (dormir*) combien de temps ? — Je (dormir) 8 heures. *活用は下の表ないし p.116 参照.

2. 命令形にしなさい.

1) Tu travailles bien.   3) Vous faites ça. （否定で）
2) Tu prends ton temps.   4) Nous allons au café.

3. 時間を言いなさい.

Quelle heure est-il ?   1) 3 時   2) 1 時半   3) 4 時 20 分

4. 次の問いに答えなさい.

1) Quel âge avez-vous ?   3) Quel temps fait-il aujourd'hui ?*   *p.30 参照.
2) Quel jour sommes-nous ?*

▶ 総合問題 (Bilan) p.90

時間 (l'heure) 🔊 057

Quelle heure est-il ?   — Il est trois heures dix.
                        — Il est quatre heures et quart.
                        — Il est cinq heures et demie.
                        — Il est sept heures moins le quart.
                        — Il est midi (minuit).

☆ 12 時間制の時間の言い方では毎時 30 分を過ぎると次の時間から引く形で言う.
　（24 時間制の言い方については補遺 p.79 参照）

À quelle heure partez-vous ? — Nous partons à neuf heures moins cinq.

動詞の活用：partir の直説法現在形
（同型に dormir, sortir など） 🔊 058

partir			
je	pars	nous	partons
tu	pars	vous	partez
il	part	ils	partent
elle	part	elles	partent

フランスの文化 2 (La culture française 2)

*フランス映画 (Le cinéma français)

フランスは映画発明国です．映写機(le cinématographe)を 19 世紀末に発明したのはフランス人のリュミエール兄弟(les frères Lumière)．フランスはそれ以降も例えば R. クレール(R. Clair)，J. ルノワール(J. Renoir)などの大監督を輩出し，映画界の牽引力となってきました．そして 1950 年代に，映画史を再び大きく変える出来事がフランスで起こります．スタジオで製作される映画に反旗を翻し，街路に 16 ミリ・カメラを持ち出した若者たちがいたのです．それは映画の新たな動きとして「ヌーヴェル・ヴァーグ la Nouvelle Vague」と呼ばれました．F. トリュフォー(F. Truffaut)，J.-L. ゴダール(J.-L. Godard)，C. シャブロル(C. Chabrol)，E. ロメール(E. Rohmer)，J. リヴェット(J. Rivette)などが代表的な監督です．これらの監督のどの映画も，デジタル式の撮影が主流となった今とは違う趣があります．この内の数人は 2000 年代に入っても映画を撮影しています．

それからはや半世紀以上…　もう「アメリ Amélie」ですら新しくありません．さて今もフランスの映画産業は重要な役割を果たし続けています．例えばパリは映画都市であり，世界各国の様々な映画が見られる町です．日本の映画で言うと，小津安二郎の無声映画からヤクザ映画に至るまで…

*フランス音楽 (La musique française)

フランスの音楽の伝統は中世にさかのぼりますが，有名な作曲家はバロック期のリュリ(Lully)，クープラン(Couperin)，ラモー(Rameau)などからです．その後 19 世紀に入り，「幻想交響曲 Symphonie fantastique」で知られるベルリオーズ(Berlioz)，「アルルの女 L'Arlésienne」で有名なビゼー(Bizet)，あるいはフォーレ(Fauré)などが活躍します．そして 20 世紀には，ドビュッシー(Debussy)，ラヴェル(Ravel)，あるいはサティ(Satie)といった作曲家が登場します．ドビュッシーの「月の光 Clair de lune」やラヴェルの「ボレロ Boléro」などは，たぶん皆さんもご存じでしょう．

「クラシック」以外のフランスの音楽というと，一昔前は皆がただちにフランスの歌謡曲「シャンソン」のことを思ったものです(E. ピアフ，G. グレコなどが代表的な歌手)．今のフランスで好まれる音楽は，ジャズ，ロック，ヒップホップなど結局全てです．最近フランスで有名な歌手は Angèle, Stromae, あるいはラップのグループなら Maître Gims などがあります．

リュミエール兄弟

映画『モリエール』(2006)の撮影

ドビュッシー

フランスのオーケストラ

Leçon 7 　　　『昨日何をした？』 🔊 059,060

1

David : 　Qu'est-ce que tu as mangé ce matin ?

Pauline : 　Du pain avec du beurre.

　　★ ☆ ★

2

Stéphanie : 　Où êtes-vous allé le week-end dernier ?

Cédric : 　　Samedi, je suis allé à Shibuya.

Stéphanie : 　Et dimanche ?

Cédric : 　　Je suis resté chez moi.

　　★ ☆ ★

3

Damien : 　Qu'est-ce que tu as fait hier soir ?

Laetitia : 　Je suis allée voir une amie. Et toi, qu'est-ce que tu as fait ?

Damien : 　Moi ? Rien de spécial.

　　★ ☆ ★

4

Tarô : 　Vous êtes déjà allée en France ?

Hitomi : 　Non, jamais. Et vous ?

Tarô : 　Moi oui, une fois.

Grammaire

1. 直説法複合過去形（助動詞＋過去分詞） 🔊 061

1) すべての他動詞と大部分の自動詞の場合

| avoir の直説法現在形＋過去分詞 |

travailler			
j'ai	travaillé	nous avons	travaillé
tu as	travaillé	vous avez	travaillé
il a	travaillé	ils ont	travaillé
elle a	travaillé	elles ont	travaillé

否定形：Je n'ai pas travaillé*.
倒置疑問形：As-tu travaillé* ?

*動詞の複合形において，ne... pas は助動詞のみをはさむ．これは助動詞の avoir と être のみが動詞とみなされるため．従って，倒置疑問形においても，倒置されるのは主語と助動詞のみ．

☆過去分詞の作り方

travailler ⇨ travaillé   -er の動詞のすべてが -é

finir ⇨ fini   -ir の動詞のほとんどが -i（ただし venir ⇨ venu）

他は不規則なものが多い．

faire ⇨ **fait**　　prendre ⇨ **pris**　　voir ⇨ **vu**　　être ⇨ **été**　　avoir ⇨ **eu** [y]

2) 場所の移動，状態の変化に関する少数の自動詞（20 程度）の場合

| être の直説法現在形＋過去分詞 |　　ただし，ここで過去分詞は主語の性と数に一致する．

aller			
je suis	allé(e)	nous sommes	allé(e)s
tu es	allé(e)	vous êtes	allé(e)(s)
il est	allé	ils sont	allés
elle est	allée	elles sont	allées

否定形：Je ne suis pas allé(e) ...
倒置疑問形：Es-tu allé(e) ... ?

☆ être を助動詞に取る動詞

aller (**allé**) － venir (**venu**)　　　arriver (**arrivé**) － partir (**parti**)

entrer (**entré**) － sortir (**sorti**)　　　naître (**né**) － mourir (**mort**)

rester (**resté**)（他に devenir, tomber, monter など）

3) 用法：過去に起こったことを表す（主に会話表現）．完了の意味にもなる．

On *a* bien *travaillé* aujourd'hui.

J'*ai été* à Paris il y a un an.

Elle *est partie* pour la France la semaine dernière.

Avez-vous déjà *mangé* ? — Non, on n'*a* pas encore *mangé*.

Tu *es arrivé* quand ? — Avant-hier.

Nous *sommes allés* au jardin public hier après-midi.

ExerciceS

1. （ ）内の動詞を複合過去形に変えなさい.

1) J'(acheter) ce téléphone il y a trois jours.

2) Tu (prendre) tes médicaments ? — Non. Pas encore.

3) J'(mettre*) une veste pour sortir.　　　*mettre ⇨ 巻末の活用表 p.117 を参照.

4) Mes parents (venir) chez moi hier.

5) Nous (trouver) un bon restaurant près d'ici.

6) Elles (arriver) à la gare à deux heures.

7) Elle (ne pas aller) à l'université lundi.

8) Je (ne pas dormir) depuis deux jours.

9) J'(voir) Bruno dans la rue.

10) Je peux parler à Nathalie ? — Non, elle (sortir).

11) On (commencer) à travailler sérieusement le français.

12) Je (ne pas rentrer) chez moi hier soir.

13) Tu (aller) à la fête chez Myriam samedi dernier ?

　　 — Non. J'(avoir) un problème dans mon travail.

14) Je (naître) le 11 février.

2. 下の表現を使うなどして次の質問に答えなさい.

Qu'est-ce que vous avez fait le week-end dernier ?

Aller à...	Lire
Faire le ménage, la cuisine, des courses, du sport	Dormir
Travailler le français / dans un magasin...	Boire avec des amis
Voir un film	Être malade
Aller chez un ami (une amie)	Rien de spécial
Sortir avec des amis	

3. 自分のこととして次の問いに答えなさい.　🔊 062

Qu'est-ce que vous avez pris ce matin ?

(Avez-vous pris le petit déjeuner* ?)　　　*朝食のことを le petit déjeuner という.

（答えに使える表現：du café, du thé, du café au lait, du jus de fruit, du pain, des tartines, un toast, un yaourt, du riz, de la soupe de miso, du poisson, de la salade)

▶▶ 総合問題 (Bilan) p.91

フランスの社会 1（La société française 1）

＊女性の就業率（Le taux d'activité des femmes）

"Qu'est-ce que vous faites dans la vie ?"（お仕事は何ですか？）

フランスでは，仕事があることが性別や年齢を問わず「一人前」であることの条件です．ただフランスで 15-24 歳の若者の失業率は 17％です（2023 年）．この一方，フランスでは男女の就業機会を均等にしようという努力が進められています．女性の就業率については，15-64 歳のほぼ 68％が仕事をしており，これは EU ではドイツやオランダに次ぐレベルです．子育てに忙しいはずの 30 代前後のフランス人女性の就職率は 84％（2022 年）（日本では 2022 年に 82％）．男女の就業機会ばかりか，発言権，待遇もできるだけ差をなくそうという試みも見られます．その一例が，議会における女性議員数の比率です．2022 年の時点で，フランスの女性国会議員の比率は 37％になりました（世界第 35 位）．日本でも少しずつ増えていますが，まだ 16％です（世界第 164 位）．

＊PACS を知っていますか？（Connaissez-vous le PACS ?）

今日フランス人はどんどん結婚しなくなっています．結婚はしないが，家庭は捨てられない…　フランスで 1999 年に採択された配偶者に関する新しい法律 PACS（Pacte civil de solidarité ＝「連帯市民協約」の略称）は，こうした時代の要求に即したものだったと言えます．この法律は，結婚よりずっと緩やかに共同生活の権利を保障するもので，結婚との大きな違いは，1）どちらかが望めばいつでも関係を解消できる，2）同性愛のカップルにも認められる*，の 2 点です．現在 PACS は結婚並にポピュラーになりました（2022 年には正規の結婚 56％に対して PACS は 44％）．

*2013 年より同性愛者の結婚も認められています．PACS と結婚を合わせた同性愛者カップルの比率は 4％弱です．

＊"Solidarité"

「連帯」と訳すと日本人にはわかりにくい "solidarité" ですが，フランスではよく聞く言葉です（英語では "solidarity"）．一つの社会が現在（と次世代）の人々によって構成される以上，互いに手を差し伸べるという意味が含まれています．この語は 19 世紀，深刻化する格差と貧困の中で生じた数々の社会運動を通じて重要になり，例えば不平等是正のため累進課税などの政策が導入されました．さて社会主義の運動はフランス革命から 19 世紀末まで発展しますが，基本は働く人の団結にありました．世界史の教科書に登場するフーリエ，サン＝シモンはパリでは通りの名前，ルイ＝ブランはメトロの駅など，街が社会主義の伝統を記憶に留めています．残念ながら今やいわゆる新自由主義経済の増長で，その伝統は過去のものとなりつつあるようです．

Leçon 8

『君が好き！』 🔊 063,064

1

Céline :　Tu connais Sébastien ?

Frédéric :　Oui. Je le connais. Pourquoi ?

Céline :　Écoute, c'est un secret : je l'aime !

2

Frédéric :　Tu parles à Sébastien aujourd'hui ?

Céline :　Oui. Je lui parle aujourd'hui.

Frédéric :　Bonne chance !

3

Frédéric :　Tu as parlé à Sébastien ?

Céline :　Non. J'ai eu peur.

Frédéric :　Parle-lui !

4

Céline :　Sébastien, tu aimes ces fleurs ?

Sébastien :　Euh, oui. Je les aime bien, mais...

Céline :　Alors tiens ! C'est pour toi !

Sébastien :　Pour moi ?... Mais pourquoi ?

Céline :　Parce que...

　　　　　parce que je t'aime, Sébastien !

Grammaire

1. 補語人称代名詞（直接目的語と間接目的語） 🔊 065

	je	tu	il	elle	nous	vous	ils elles
直接目的	me (m')	te (t')	le (l')	la (l')	nous	vous	les
間接目的			lui				leur

1) 直接目的語（他動詞の後に前置詞を伴わずに置かれる目的語）を代名詞にしたとき

Je connais* *Sébastien*.　⇨　Je **le** connais*.　　*動詞 connaître の活用は巻末参照(p.116).

Il aime *Jeanne*.　⇨　Il **l'**aime. (Il la aime)

2) 間接目的語（前置詞の à をはさんで置かれ，主に人を指す場合）を代名詞にしたとき

Je téléphone *à Jeanne*.　⇨　Je **lui** téléphone.

Tu parles *à Sébastien* ?　⇨　Tu **lui** parles ?

（複合過去形のとき，上記の人称代名詞は助動詞の前に置かれる：Je **lui** ai téléphoné. ）

☆直接，間接目的語の両方を並べるときは補遺 p.79 参照.

否定形：Je ne **le** connais pas.　　　Tu ne **lui** parles pas ?

（強勢形を除く）フランス語の人称代名詞は必ず動詞の前に置かれる.

目的格人称代名詞については，否定形や倒置疑問形でも代名詞＋動詞の語順は変わらない.

ただし，肯定命令形の場合に限り，動詞の後に置く．［ - ］でつなぐ.

☆命令形

　Tu veux lire ce livre ? Prends-**le**.

　Tu aimes Sébastien ? Parle-**lui** !

　Téléphonez-**moi** ce soir.

　Excusez-**moi**.

　（me ⇨ **moi**　te ⇨ **toi** となる）

Bon courage!

ExerciceS

1. 適切な直接目的語の代名詞を入れなさい.

   1) Je donne ces livres à mon frère.　⇨　Je (　　　　) donne à mon frère.
   2) Elle prête une revue à Jean.　⇨　Elle (　　　　) prête à Jean.
   3) Vous me comprenez ?　— Non, je ne (　　　　) comprends pas.
   4) Tu connais Isabelle ?　— Oui, je (　　　　) connais bien.
   5) Elle demande l'heure à cette dame.　⇨　Elle (　　　　) demande à cette dame.
   6) Je montre les photos à mes parents.　⇨　Je (　　　　) montre à mes parents.
   7) Je présente Corinne à Patrick.　⇨　Je (　　　　) présente à Patrick.
   8) As-tu le numéro de Corinne ?　— Oui, je (　　　　) ai, bien sûr.

2. 適切な間接目的語の人称代名詞を入れなさい.

   1) Je donne ces livres à mon frère.　⇨　Je (　　　　) donne ces livres.
   2) Elle écrit* à Michel.　⇨　Elle (　　　　) écrit.　　　*動詞 écrire の活用（巻末 p.116 参照）.
   3) Elle demande l'heure à cette dame.　⇨　Elle (　　　　) demande l'heure.
   4) Vous me dites* votre nom.　　　*動詞 dire の活用（巻末 p.116 参照）.
      ⇨　Dites-(　　　　) votre nom.
   5) Je montre les photos à mes parents.　⇨　Je (　　　　) montre les photos.
   6) Je présente Corinne à Patrick.　⇨　Je (　　　　) présente Corinne.
   7) Je téléphone demain soir.
      ⇨　Je (　　　　) téléphone demain soir.　（「あなたに」となるように）
   8) J'offre* ces fleurs.　　　*動詞 offrir の活用（巻末 p.117, ouvrir 参照）.
      ⇨　Je (　　　　) offre ces fleurs.　（「君に」となるように）

3. 適切な直接，間接目的語の人称代名詞を使って次の問いに答えなさい.

   1) Est-ce que vous regardez souvent la télé ?
   2) Vous aimez vos études ?
   3) Téléphonez-vous à vos parents de temps en temps ?

▶ 総合問題 (Bilan) p.92

よく使う表現 🔊 066

Bon courage !	Bon week-end !	Bon anniversaire !
Bon travail !	Bonnes vacances !	Joyeux Noël !
À votre santé !	Bon voyage !	Bonne année !

★Civilisation

フランスの環境問題 (La question de l'environnement)

*原子力発電 (L'énergie nucléaire)

国内に大きなエネルギー資源のないフランスは，原子力発電の大国です（原子炉数 58 基）．フランスは電力生産の 7 割強を原子力に依存していますが，これは世界でも最高の水準です（日本は福島の事故以来ほとんどの原発が「点検中」でした）．原子力発電は核分裂反応を利用して膨大なエネルギーを生み出す技術ですが，その危険は著しく，同じ核分裂反応を核爆弾として悪用することもできます．生存者の被爆の後遺症は遺伝します．また，核燃料の処理過程で生じた放射性廃棄物中，最も危険なものは，数百万年の間，熱を発し有害です（セシウム 135 の半減期は 230 万年）．第一世代の原発老朽化と共に，先進国はこの危険な廃棄物を地下深部に埋設し始めています．ヨーロッパではフランス（ノルマンディー地方のラ・アーグ）と英国（セラフィールド）で核燃料が再処理されており，日本もこれらの施設に処理を依頼しています．そして日本でも数カ所に放射性廃棄物の埋設が行われます．

福島原発の事故を受け，フランスも原子力発電への依存度を徐々に抑える予定でしたが，ロシアのウクライナ侵攻によるエネルギー危機で，マクロン大統領は原発増設を決めました．ただし，安全をいわば軽視した原発への闇雲な回帰には，国内でも環境保護団体などを中心に反発の声が上がっています．ドイツはロシア・ウクライナ危機にかかわらず脱原発を完了，見直さないそうです．

*環境保護主義 (L'écologie)

ヨーロッパでは概してドイツ以北の国が環境問題により敏感でした．2015 年の「パリ協定」で世界的懸案となったはずの地球温暖化について見ましょう．フランスを始めヨーロッパでは最近山火事等で大変です．EU はその全体で風力，潮力や太陽光などの再利用可能エネルギー（les énergies renouvelables）推進に取り組んできましたが，この分野でフランスは遅れています．それでも 2023 年 5 月，フランス政府は，カーボン排出量を 2030 年までに 50％削減する方針を決定したところです．

フランスの原子力発電所

ラ・アーグの放射性廃棄物処理施設

高レベル放射性廃棄物容器

フランスの放射性廃棄物輸送列車

リムーザンの風力発電

南仏の太陽発電システム

Leçon 9 　　　「パリの病院で」  067,068

1

Julie（医者）:　Vous êtes Monsieur ... ?

Wataru（患者）:　Je m'appelle Wataru Hirosé.

Julie :　«Hirose», ça s'écrit comment ?

Wataru :　H ... I ... R ... O ... S ... E

2

Julie :　Très bien. Alors, Monsieur IROZE...

Wataru :　Docteur, je suis toujours fatigué. J'ai mal à la tête et j'ai mal au ventre.

Julie :　Vous vous couchez à quelle heure ?

Wataru :　À une heure du matin.

Julie :　Et vous vous levez à quelle heure ?

Wataru :　À six heures.

Julie :　Vous ne dormez pas assez. Couchez-vous avant minuit !

3

Julie :　Vous habitez seul ?

Wataru :　Oui.

Julie :　Vous avez des amis ?

Wataru :　Oui, j'en ai.

Julie :　Vous avez des soucis ?

Wataru :　Non, je n'en ai pas.

4

Julie :　Vous mangez des fruits ?

Wataru :　Non. Pas beaucoup.

Julie :　Mangez un fruit à chaque repas.

Wataru :　Alors, j'en prends un le matin, j'en prends un à midi, et j'en prends un le soir ?

Julie :　C'est ça. Et reposez-vous un peu.

Grammaire

1. 代名動詞（直説法現在形） 🔊 069

se coucher					
je	me	couche	nous	nous	couchons
tu	te	couches	vous	vous	couchez
il	se	couche	ils	se	couchent
elle	se	couche	elles	se	couchent

否定形：Je ne me couche pas.
倒置疑問形：Te couches-tu ?
命令形：Couche-toi.
　　　　　Couchez-vous.
否定命令形：Ne te couche pas.

☆coucher 自体は他動詞.

　Je couche ma fille.　⇨　Je la couche.　➡　Je couche 私.　⇨　Je me couche.

Je *me repose*.

Je *me lève** à 10 heures.

Je *me promène** tous les soirs.

Comment *vous appelez**-vous ? (Vous *vous appelez* comment ?)　— Je *m'appelle* Benjamin.

*動詞 (se) lever, (se) promener, (s')appeler は第1群規則動詞だが，やや例外的に活用する（巻末の活用表参照）.

☆この他の代名動詞の使い方，及び複合過去形は補遺 p.80 参照.

2. 中性代名詞（1）　en 🔊 070

主に "de（部分冠詞の du, de la, 不定冠詞の des）＋名詞" の代わりとなる.

　Tu as besoin *de ça* ?　— Oui, j'**en** ai besoin.

　Vous faites *du sport* ?　— Oui, j'**en** fais.

　Tu as *de l'argent* ?　— Oui, j'**en** ai. (Non, je n'**en** ai pas.)

　As-tu *des disques* de jazz ? — Oui, j'**en** ai beaucoup.

前に出てきた名詞の数を特定するときにも使う.

　Vous avez *des frères* ?　— Oui, j'**en** ai deux.

＊覚えよう

beaucoup de ＋ 名詞 ＝ たくさんの

　J'ai beaucoup de disques.

assez de ＋ 名詞 ＝ 十分の

　J'ai assez de pain.

un peu de ＋ 名詞 ＝ 少しの

　J'ai un peu d'argent.

Exercices

1. （　）内の動詞を適当に活用させるなどして文を完成させなさい.

   1) Elles (s'intéresser à) le cinéma.
   2) Il (s'occuper de) ses enfants.
   3) On (se marier) quand ? — Jamais !
   4) Mon grand-père (se promener) après le déjeuner tous les jours.
   5) Tu (se coucher) à quelle heure et tu (se lever) à quelle heure ?
   6) Ces gens dans les cafés Internet (s'appeler) "les réfugiés des cafés Internet".
   7) Le cours (se terminer) bientôt.

2. 次の代名動詞を（　　）内の人称に対する命令形にしなさい.

   1) se reposer　　　(tu)
   2) se réveiller　　(vous)
   3) se dépêcher　　(nous)
   4) se préparer　　(tu)

3. en を使って問いに答えなさい.

   1) Mangez-vous du pain le matin ?
   2) Avez-vous des cours demain ?
   3) Avez-vous beaucoup d'amis ?

4. 自分のこととして次の質問に答えなさい.　🔊 071

   1) À quelle heure vous couchez-vous le soir ? (= Vous vous couchez à quelle heure le soir ?)
   2) À quelle heure vous levez-vous le matin ?
   3) Comment vous appelez-vous ?

▶ 総合問題 (Bilan) p.93

フランスの社会 2 (La société française 2)

＊暴動と社会分断

2023年6月，パリ郊外ナンテールで検問中の警察官が，車の停止命令に応じなかった17歳のアルジェリア系の少年を射殺しました．事件に怒った住民らが警察への抗議として起こした暴動はたちまち仏全土に飛び火し，車や建物の破壊，略奪が甚大な被害を及ぼしました．今回の暴動に加わった若者たちの平均年齢は17歳でした．同様の全国規模の暴動は2005年にも起こっています．

「人権」の国フランスですが，かつて植民地であったアルジェリアなど北アフリカの国からの移民，その子孫にあたる世代の若者のフランス社会への同化の問題は深刻です．続く差別的待遇などに対する不満が鬱屈し，社会の分断を象徴するような様々な出来事が起こっています．ただしフランスではこのような差別的待遇に反対する団体がたくさん活動しています．

＊テロリズム（Le terrorisme）

「テロリズム」はラテン語の "terror（激しい恐怖）" から来た言葉です．フランスでは2015年1月と11月のパリ，2016年7月のニースで恐ろしい襲撃があり，同年3月にはブリュッセル，12月にはベルリンでもテロが発生しました．これら全てがシリアに拠点を置くテロ組織の「イスラム国」に関わるものですが，その組織自体，突然降って湧いたわけではなく，テロはまだ終わってはいません．

発端は単純でないにせよ，最も直接的な原因は，米国のイラク戦争と言えます．イラクに「大量破壊兵器」は存在せず，戦争の泥沼化で双方が大きな犠牲を払っただけでした．殺戮の中，いわば欧米全体を敵と見なし「聖戦」を起こすという過激な発想が生じてきました．問題は，西欧の一般の若者もその「イスラム国」に加わっていたことです．フランス，ベルギーでは，テロリストの若者が自国で育っただけに衝撃が走りました．続く差別から生まれた絶望と深い反感も背景にあるはずです．しかしこれらの国では，テロへの恐怖が，むしろ過激派とは無縁のイスラム教徒全体に及ぶ嫌悪（イスラム嫌い＝l'islamophobie）すら産み出してしまっています．

人間があらゆる境界線を引いて「他者」を作り出し，憎しみ（フランス語では "la haine"）の対象とし，排除，さらには殺害という図式は今も昔も変わりません．無差別の殺戮を行うテロ（そして何より戦争）で犠牲になるのは無数の，ごく普通の生活を営む人々です．狂信的な宗教，ナショナリズムと平行するポピュリズム（大衆迎合主義）が世界各国で見られる21世紀の今，"la haine" と "la terreur" のグローバリゼーションとも呼べる状況が生じています．負の連鎖を断ち切る理性的な判断はどこに？

Leçon 10　『親子げんか：皿洗いの日』🔊 072,073

（16歳のバンジャマンとその母）

1

Catherine :　Benjamin, je peux te parler ?

Benjamin :　Qu'est-ce qui se passe ?

Catherine :　On t'a attendu pour dîner, hier soir.

　　　　　　Tu es rentré à quelle heure ?

2

Benjamin :　C'est ma vie. Ça ne vous regarde pas !

Catherine :　Si ! Ce n'est pas un hôtel, ici.

　　　　　　Tu dois téléphoner.

Benjamin :　Et Anna ? Elle rentre tard elle aussi.

　　　　　　Elle est plus petite que moi !

3

Catherine :　Oui mais elle téléphone, elle.

　　　　　　Et elle rentre moins tard que toi.

Benjamin :　J'en ai marre ! Je vais dîner chez Stéphanie.

　　　　　　En plus, là-bas, c'est meilleur qu'ici !

Catherine :　Non, tu ne vas pas chez Stéphanie.

Benjamin :　Si, j'y vais.

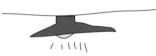

4

Catherine :　Ah non, pas question !

　　　　　　Aujourd'hui, c'est jeudi.

Benjamin :　Et alors ?

Catherine :　Et alors ?

　　　　　　Qui est-ce qui fait la vaisselle, le jeudi ?

Grammaire

1. 比較級と最上級 🔊 074

1) 比較級

plus ＋ 形容詞, 副詞 ＋ que
aussi ＋ 形容詞, 副詞 ＋ que
moins ＋ 形容詞, 副詞 ＋ que

Ma sœur est *plus* intelligente *que* moi.
Il se couche *plus* tard *qu'*elle.

2) 最上級

le, la, les ＋ plus, moins ＋ 形容詞 ＋ de
le ＋ plus, moins ＋ 副 詞 ＋ de

Je suis *le plus* gourmand *de* ma famille.
Ma mère se lève *le plus* tôt le lundi.

3) 特殊な比較級と最上級

bon(ne)(s) — meilleur(e)(s) — le, la, les meilleur(e)(s)
bien — mieux — le mieux

Ce vin est *meilleur que* l'autre.
Paul fait la cuisine *mieux que* sa femme.
C'est *le meilleur* moment *de* la journée.

2. 疑問代名詞 🔊 075

1) 何 — 直接目的語, 属詞： **Qu'est-ce que** c'est ? — C'est un cadeau pour toi.
Qu'est-ce que je dois* faire ?
— Vous devez attendre*.　　*devoir, attendre の活用は巻末 p.116 参照.

2) 何が — 主語： **Qu'est-ce qui** vous arrive ?
Qu'est-ce qui se passe ? — C'est un accident de voiture.

3) 誰 — 直接目的語： **Qui est-ce que** vous attendez ? — J'attends ma mère.

4) 誰が — 主語： **Qui est-ce qui** vient ce soir ? — Julie et son ami.

これらは，短い疑問代名詞で言い換えられる．ただし主に書き言葉で使われるため，主語と動詞の倒置が起こる．

	主 語	直接目的語・属詞
物(何)	Qu'est-ce qui	Qu'est-ce que Que
人(誰)	Qui est-ce qui Qui	Qui est-ce que Qui

注：前置詞がついた場合(補遺 p. 53 参照)

1. Qu'est-ce que ＝ Que
   *Qu'*est-ce ?
   Que faites-vous ce soir ?
2. Qu'est-ce qui は言い換えられない.
3. Qui est-ce que ＝ Qui
   Qui attendez-vous ?
   Qui est-ce ?
4. Qui est-ce qui ＝ Qui
   Qui vient ce soir ?

3. 中性代名詞(2) y 🔊 076

"à ＋ 名詞" の代わりとなる.

1) à が場所を表す場合：Allez-vous *à Paris* ? — Oui, j'**y** vais lundi. (Non, je n'**y** vais pas.)

☆場所を表す à 以外の en, dans, chez にも使える．La clé n'est pas *dans ta poche* ? — Si, elle **y** est.

2) その他：Elle pense *à son travail*.　⇨　Elle **y** pense.

ExerciceS

1. 次の文章を読んで，（　　）内に適切な比較級ないし最上級の言葉を入れなさい．

Sophie a 20 ans. Yoko a 19 ans. Philippe a 19 ans aussi. Paul a 18 ans.

1) Paul est (　　　　　) jeune que Sophie.
2) Sophie est (　　　　　) jeune que Paul.
3) Sophie est (　　　　　) âgée des quatre.
4) Yoko est (　　　　　) âgée que Philippe.

2. 文末の指示に従って（　　）内に適当な比較級の語を入れなさい．

1) Les spaghettis sont (　　　　　　) au Japon qu'en France. （よりおいしい）
2) Les vêtements sont (　　　　　　) chers dans ce magasin qu'au marché.

（～ほど高くない）

3) Je parle anglais (　　　　　　) que mon frère. （より上手に）
4) Ma mère doit se lever (　　　　　　) tôt que mon père. （より早く）

3. （　　）内に適切な疑問代名詞を入れなさい．

1) (　　　　　　) vient ce soir ? — C'est Marie.
2) (　　　　　　) vous prenez comme dessert ?

— Je prends un gâteau au chocolat.

3) (　　　　　　) il fait le dimanche, votre père ? — Il ne fait rien. Il dort.
4) (　　　　　　) vous aimez comme chanteur ? — J'aime bien Saburô Kitajima.
5) (　　　　　　) tu cherches ? — Mon portable. — Tiens ! Je l'ai trouvé !
6) (　　　　　　) intéresse les étudiants d'aujourd'hui ? — Je ne sais* pas.

＊動詞 savoir の活用（巻末の活用表 p.117 参照）．

7) (　　　　　　) est-ce ? — C'est la sœur de Dominique.
8) (　　　　　　) il y a ? — Je suis malade. Je vais aux toilettes.

4. y を使って問いに答えなさい．

1) Vous allez souvent chez le médecin ?
2) Vous vous intéressez au cinéma ?
3) Vous pensez à votre avenir ?
4) Vous pensez à l'avenir de la Terre ?

▶▶ 総合問題 (Bilan) p.94

フランスと人権宣言 / フランスと EU

＊フランスの人権宣言（La Déclaration des droits de l'homme）

フランスの国民議会で 1789 年 8 月に採択されたいわゆる「人権宣言」の第一条は「全ての人間は自由に，そして権利において平等に生まれ，そうあり続ける（Tous les Hommes naissent et demeurent libres et égaux en droits）」となっています．1948 年，国連がパリ総会で採択した世界人権宣言の第一条の冒頭もほぼ同じ文です．ただこの「自由」とは，人が好きなことをできるというよりも，まず絶対的な権力の奴隷ではないことを表します．フランスの人権宣言，国連の世界人権宣言がそれぞれ絶対王政，ファシズムの支配の後になされたことは重要な意味を持ちます．フランスの宣言は，平等と，「生命，自由及び幸福の追求」の権利を万人に認めたアメリカ独立宣言と合衆国憲法（世界最古の成文憲法）にも影響されています．

1789 年の「人権宣言」（略称）の図

＊フランスと EU ― 反戦の意志

2016 年, 英国が国民投票で欧州連合（EU）離脱を決定し, 離脱を望まない国民との間で国がいわば分断されました．移民の増大が離脱派を後押ししたようです．混乱の末離脱が確定しました．元々英国はユーロを使わないなど, 大陸のフランス, ドイツ両国が中枢の EU の試みには消極的でした．ただフランス, ドイツが EU の中心である意義は大きいのです．両国は 19 世紀の普仏戦争と二度の世界大戦で戦を重ね, 余りに大きな人命と文化の犠牲を払いました．第二次世界大戦後, 平和の再構築, 維持の必要がかつてなく認識されます．和平はドイツの真摯な謝罪と歴史教育, そして生まれたフランスの寛容があって可能でした．ちょうど EU の母体が 1951 年に発効した石炭鉄鋼共同体であったのは象徴的です．仏独伊など 6 ケ国が, 戦争で争われる石炭と鉄の共同管理を決めました．特に仏独間で「戦争を不可能にするため」という宣言が加えられました．

それ以降, 1957 年発足の欧州経済共同体（EEC）が 1992 年の欧州連合（EU）になるまで, 少なくとも複数の国が形成する連邦制の「共同体」及び「共通市場」の考えが根底にありました．そのどちらも, 国境という境界線を隔てた途端にもつれる利害関係の中に糸を通そうとする試みと言えます．

17 世紀以来の主権国家体制を越えていく「共同体」の構想を見てみましょう．例えば 1992 年に提唱された「ヨーロッパ市民権 la citoyenneté européenne」は各人の国籍に加わる権利で, 理念的には, 他国の除外や敵視に至る狭いナショナリズムを越えうるものです．EU 域内移動の自由はこの市民権で保証されます．加盟国のどこでも自由に居住, 労働ができるのは大きなメリットです．ただこの一方, 他国民受け入れで一加盟国の雇用に関する懸念が増し, これが外国人嫌い, 反 EU の動きとして噴出したのが英の EU 離脱（"le Brexit"）と言えます．今も EU の先行きは不透明な状況です．

「共通市場」について見れば, 統一通貨ユーロの導入も, 元来は異なる通貨のやり取りで生じる軋轢緩和のためでした．しかし通貨の価値を一定にするため各国の経済政策を近づけるのは困難でした．EU の求める財政基準を始め, 多くの EU 規格が疎まれる現在, 平和的共存のための統一という当初の目的は忘れられがちです．自由な交易と人の移動を含め, よりよい EU を目指したための副作用が強調される結果となっています．世界は統合と協調から, 分裂と抗争の時代へ逆戻りに？

Tome 1 bis

Par
François Roussel
et
Seiji Marukawa

Leçon 11

Une étudiante :	Pardon Monsieur, est-ce que vous pouvez m'aider s'il vous plaît ?
Un homme :	Je veux bien mais moi, je m'occupe du ménage.
	Demandez au monsieur qui est assis là-bas, derrière la table.
	C'est le bibliothécaire.
L'étudiante :	Ah d'accord. Merci !
Le bibliothécaire :	Bonjour Mademoiselle, qu'est-ce que je peux faire pour vous ?
L'étudiante :	Voilà...
	Je cherche un livre qui s'appelle " La promenade sous la pluie ".
	C'est un roman écrit par Pierre Thomas.
Le bibliothécaire :	Attendez, je vais voir... Ah ! Vous n'avez pas de chance.
	Le livre que vous demandez n'est pas disponible.
L'étudiante :	Ah bon ?
Le bibliothécaire :	Oui. Il est déjà réservé par quelqu'un.
L'étudiante :	Ça m'ennuie beaucoup.
	C'est pour un travail que je dois rendre dans une semaine...
Le bibliothécaire :	Attendez, je vais quand même* faire une nouvelle recherche.
	Bonne nouvelle : il y en** a un autre exemplaire.
L'étudiante :	Ouf !
Le bibliothécaire :	Ah mais, mauvaise nouvelle : il a été emprunté.

---

* quand même ＝ それにしても，それでも

** en ＝ 中性代名詞．" de ＋名詞 " の代わりとなる．Leçon 9 を参照のこと．

Grammaire

1. 関係代名詞(1) 🔟 079

1) **qui** — 主語.　先行詞(人・物)＋ qui ＋動詞.

Connais-tu une fille *qui* s'appelle Hélène ?
Arnaud, c'est un garçon *qui* n'aime pas travailler.

2) **que (qu')** — 直接目的.　先行詞(人・物)＋ que ＋主語＋動詞.

Le professeur d'économie *que* nous avons cette année est très drôle.
Le film *que* tu as vu hier soir à la télé est très connu*.

　　* 過去分詞の一致については補遺(Annexe) p.81 参照.

2. 受動態 🔟 080

| **être ＋(他動詞の)過去分詞** |

(過去分詞は主語の性・数に一致)

1) 行為主は普通は par で表される.　時制は être が表す.

Quelqu'un emprunte ce livre.　　⇨　Ce livre *est emprunté par* quelqu'un.
Quelqu'un a emprunté ce livre.　⇨　Ce livre *a été emprunté par* quelqu'un.
Anne écrit cette lettre.　　　　⇨　Cette lettre *est écrite par* Anne.

2) 感情など，持続的な状態を表す場合，行為主は de で表される.

Tous les jeunes Japonais adorent ce musicien.
　⇨　Ce musicien *est adoré de* tous les jeunes Japonais.

Exercices

1. 次の文を受動態に書き換えなさい.

   1) François invite Yôji à la fête.　　→　...

   2) Il a cassé cette assiette.　　→　...

   3) Tout le monde aime cette fille.　　→　...

   4) On connaît bien ce monsieur.　　→　...

2. (　　)内に適切な関係代名詞を入れなさい. 文の意味も考えなさい.

   1) L'acteur japonais (　　　　　　) joue dans ce film est très connu.
   2) L'appartement (　　　　　　) ils veulent acheter coûte très cher.
   3) C'est un sac à main (　　　　　　) elle a acheté en France pendant son voyage.
   4) Les enfants (　　　　) s'amusent dans le jardin sont mes enfants.
   5) Il lit un livre (　　　　) il ne comprend pas.

▶ 総合問題 (Bilan) p.96

数字（30 以降） 🔊 081

30	trente		40	quarante		50	cinquante		60	soixante
70	soixante-dix		71	soixante et onze ...				79	soixante-dix-neuf
80	quatre-vingts		81	quatre-vingt-un ...				89	quatre-vingt-neuf
90	quatre-vingt-dix		91	quatre-vingt-onze ...				99	quatre-vingt-dix-neuf
100	cent		1 000	mille				10 000	dix mille

よく使う表現

教室でヘルプ！ 🔊 082

Pardon Monsieur / Madame, vous pouvez répéter s'il vous plaît ?

Pardon mais je n'ai pas compris. Pouvez-vous expliquer encore une fois ?

..., comment ça se dit en français ? / ..., ça se dit comment en français ?

..., qu'est-ce que c'est en japonais ? / ..., qu'est-ce que ça veut dire ?

挨拶など 🔊 083

À ce soir !（「じゃあ今晩」⇨「行ってきます」）	À tout de suite !（すぐ後でね）
C'est moi !（「私です」⇨「ただいま」）	À tout à l'heure !（じゃあ後で）
Bonne journée !（よい1日を）	À demain !（また明日）
Bon après-midi !（よい午後を）	À la semaine prochaine !（また来週）
Bonne soirée !（よい夕べを）	À la prochaine (fois) !（また次回）

Civilisation

フランスの学校制度

フランスでは義務教育が3歳から始まります．最初は幼稚園（l'école maternelle）です．小学校（l'école primaire）は6歳から10歳までの5年間．中学校（le collège）は11歳から14歳までの4年で，高校（le lycée）は15歳から17歳までの3年です．高校終了までの教育は無償です．

高校終了時点で，大学入試の代わりとなる全国統一の大学入学資格試験（le baccalauréat = le bac）があります．好きな分野の"le bac"を選び，合格すれば原則として自分の希望する大学に入学することができます．現在フランスの若者の8割が大学とそれ以外の機関（例えば工業技術短大IUTなど）を含む高等教育（l'enseignement supérieur）に進みます．フランスは大学の学費も極めて安く，現在も年間200ユーロ以下です（EU域外の学生を除く）．

日本式の4年での卒業はありません．いわゆる学士号（la licence）を得るまでの過程は最短で3年，修士号（le master）の場合は5年です．学業は日本より厳しいため，学士号の取得率は6割となっています．

フランスが高等教育にも力を入れ，大学の学費（les frais de scolarité）を抑えているのには理由があります．フランスでは，既に法律が教育の役割を以下のように定めているのです．

"L'éducation est la première priorité nationale. Le service public de l'éducation [...] contribue à l'égalité des chances."* 　　　　　*"l'égalité des chances"は元来政治思想家トクヴィルの表現

☆語彙： école primaire : écolier(ère)　　collège : collégien(ne)　　lycée : lycéen(ne)
　　　　 université : étudiant(e)　　　　grandes écoles* : élève　　* 高度専門大学

Leçon 12

 「15年後の私」 🔊 084,085

Noémie :   Comment tu vois ta vie dans 15 ans ?

Paul :   Dans 15 ans ?
J'aurai 35 ans...

Noémie :   Tu seras marié ?
Tu auras des enfants ?

Paul :   Marié ? Je ne sais pas.
Mais j'aurai sûrement des enfants : j'en veux quatre !

Noémie :   Qu'est-ce que tu feras comme métier ?

Paul :   Si tout va bien, je serai architecte.

Noémie :   Et tu habiteras où ?
En France ?

Paul :   Peut-être. Mais l'important, ce n'est pas le pays.
C'est la ville qui est importante.

Noémie :   Alors comment sera cette ville ?

Paul :   La ville où j'habiterai sera pleine d'arbres.
On y rencontrera des gens de tous les âges
et de toutes les origines.
Le soir, sur les places, il y aura des concerts
et des conférences que les habitants
viendront écouter.

Noémie :   La ville dont tu parles n'existe pas !

Paul :   Je la construirai !

Grammaire

1. 直説法単純未来形 🔊 086

habiter			
j'	habite**rai**	nous	habite**rons**
tu	habite**ras**	vous	habite**rez**
il	habite**ra**	ils	habite**ront**
elle	habite**ra**	elles	habite**ront**

活用語尾	
-rai	-rons
-ras	-rez
-ra	-ront

avoir			
j'	au**rai**	nous	au**rons**
tu	au**ras**	vous	au**rez**
il	au**ra**	ils	au**ront**
elle	au**ra**	elles	au**ront**

être			
je	se**rai**	nous	se**rons**
tu	se**ras**	vous	se**rez**
il	se**ra**	ils	se**ront**
elle	se**ra**	elles	se**ront**

☆活用語尾は全ての動詞に共通.

☆語幹は大多数の動詞が r のところまで不定詞そのもの. ただし, être や avoir のほか以下のような動詞は語幹
自体が変わる.

faire → je **fe**rai...   aller → j'**i**rai...   venir → je **viend**rai...   voir → je **ver**rai...

pouvoir → je **pour**rai...   vouloir → je **voud**rai...   savoir → je **sau**rai...

用法：単なる未来を表す.

J'*aurai* 20 ans le 13 janvier.

Vous *serez* chez vous vendredi soir ?

Tu *écouteras* bien la météo avant de partir. （2人称の場合は命令に近い）

2. 関係代名詞 (2) 🔊 087

1) **où** ── 先行詞は場所でも時間でもよい.

La ville *où* j'habite n'est pas loin de la mer.

Il m'a appelé à l'instant *où* j'ai pensé à lui.

2) **dont** ── de ＋先行詞（先行詞は人でも物でもよい）.

C'est le livre *dont* j'ai besoin.

(C'est le livre. J'ai besoin de ce livre.)

Je veux voir ce film *dont* tout le monde parle.

(Je veux voir ce film. Tout le monde parle de ce film.)

Je connais un bon restaurant *dont* les prix sont raisonnables.

(Je connais un bon restaurant. Les prix de ce restaurant sont raisonnables.)

Exercices

1. （　　）内の動詞を単純未来形に活用させなさい．文の意味も考えなさい．

1) Je (parler :　　　　　　　　　　　) bien français dans un an.
2) Ça va aller ? — On (voir :　　　　　　　　　) bien.
3) On (venir :　　　　　　　　) vous chercher à 16 heures.
4) Goûte ce vin, tu (aimer :　　　　　　　　　) sûrement.
5) Je te (donner :　　　　　　　　) de l'argent quand j'en (avoir :　　　　　　　　).
6) J'(aller :　　　　　　　　) à la campagne avec toi
   quand je (être :　　　　　　　　) moins occupé.
7) Vous (avoir :　　　　　　　　) la réponse bientôt.
8) Tu (finir :　　　　　　　) ton travail à l'heure, d'accord ?

2. （　　）内に適切な関係代名詞を入れなさい（dont または où）．文の意味も考えなさい．

1) C'est un jardin (　　　　　　　) il est très fier.
2) Le mois d'août, c'est une période (　　　　　　　) il n'y a pas beaucoup de monde à Paris.
3) Au moment (　　　　　　) je suis entré dans le bain, le téléphone a sonné.
4) Je connais une fille (　　　　　　　) le frère est professeur de lycée.
5) L'homme (　　　　　) je vous parle arrivera ce soir.
6) C'est l'endroit (　　　　　　) elle va chaque samedi.

▶▶ 総合問題 (Bilan) p.97

よく使う表現：位置について 🔊 088

près de / loin de	Ma maison est *loin de* la gare.
dedans / dehors	Si vous sortez *dehors*, n'oubliez pas de prendre un parapluie.
à l'intérieur (de) / à l'extérieur (de)	Vous trouverez un distributeur *à l'intérieur du* cinéma.
à droite / à gauche / tout droit	Prenez la deuxième rue *à gauche* puis continuez *tout droit* jusqu'au feu.
devant / derrière	Voici la mairie. La poste est juste *derrière*.
en face (de) / à côté (de)	*En face de* vous, c'est la Tour Eiffel, et *à côté*, le Trocadéro.
au-dessus (de) / au-dessous (de)	On est ici au 2e étage. Les toilettes sont *au-dessus*.
par terre	Le vase est tombé *par terre* et s'est cassé.

Civilisation

フランスの学生生活

フランスの学生は一般的に勉学でとても忙しいです．大学の学費が極めて安いので，60%の学生は9月から翌年6月までの授業期間中あまりアルバイトをしません．何か仕事をする場合は，だいたいベビーシッターか，レジ係や販売員，レストランやホテルの従業員などです．

フランスの大学生の約32%が親元で暮らしています．他は独居，アパートのシェア，寮などです．

フランスの学生の時間割は？　平均すると一週間のうち授業が20時間，自宅での勉強が13時間，アルバイトが11時間，レジャー活動が10時間程度です．

彼らの好むスポーツは？　個人的にはジョギング，筋力トレーニングなどが多いようです．団体競技の場合，クラブに所属したりします（が日本のようにたくさんありません）．クラブの数はサッカー，乗馬，テニス，バスケットボール，ハンドボールの順で多くなっています．

フランスの若者の三分の一以上が何らかのボランティア活動によく加わっています．今では多くがSNSで意見を表明したり，署名活動に加わっています．SNSでもっともポピュラーな分野は環境問題（特に気候変動）*，教育，世界平和，社会的な連帯です．ネットでの政治参加だけでなく，直接デモ活動に加わる若者も少なくないのがフランスらしいところです（2018年には全体の15%でした）．

* 環境問題に関するスローガンをいくつか紹介しましょう．
" Les températures montent, la colère aussi. "
" Changeons le système, pas le climat. "
" L'avenir sera vert ou ne sera pas. "*
* アンドレ・ブルトンの有名な言葉（" La beauté sera convulsive ou ne sera pas "）のもじり．

Leçon 13

「覚えてる？」🔊089,090

Paul : Tu te souviens de ta vie quand tu avais 10 ans ?

Noémie : Bien sûr. J'étais à l'école primaire.

Paul : Tu habitais où ?

Noémie : J'habitais à Nice, au bord de la mer.

Paul : C'était comment ? Tu t'en* souviens ?

Noémie : Oui. De mai à septembre, on allait à la plage tous les week-ends.

Paul : Même quand il pleuvait ?

Noémie : À Nice, l'été, il ne pleut jamais.

Paul : Jamais ?

Noémie : Ça arrive. Mais c'est vraiment rare.

Paul : Et l'hiver, qu'est-ce que vous faisiez ?

Noémie : L'hiver, il nous arrivait d'aller à la montagne, dans les Alpes.
On faisait du ski. Et toi, quand tu avais 10 ans, c'était comment ?

Paul : Tu vas rire : je n'arrive pas à m'en* souvenir !

Noémie : Tu plaisantes ?

Paul : Non, c'est sérieux.

Noémie : C'est grave, ça. Tu n'as pas la maladie de la vache folle par hasard ?

Paul : Peut-être. J'adore la viande de bœuf.
Je ne mangeais que ça quand j'étais petit.

Noémie : Tu ne peux pas rester comme ça.
Il faut en* parler à ton médecin !

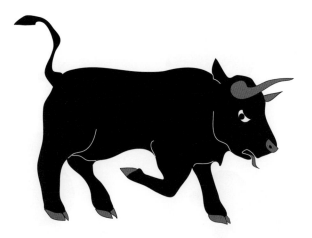

---

* en = 中性代名詞. ここでは " se souvenir de... ", " parler de... " の " de... " の代わりとなる.

Grammaire

1. 直説法半過去形 🔊091

habiter			
j'	habit**ais**	nous	habit**ions**
tu	habit**ais**	vous	habit**iez**
il / elle	habit**ait**	ils / elles	habit**aient**

活用語尾	
-ais	-ions
-ais	-iez
-ait	-aient

avoir			
j'	av**ais**	nous	av**ions**
tu	av**ais**	vous	av**iez**
il / elle	av**ait**	ils / elles	av**aient**

être			
j'	ét**ais**	nous	ét**ions**
tu	ét**ais**	vous	ét**iez**
il / elle	ét**ait**	ils / elles	ét**aient**

☆語尾はすべての動詞に共通.

☆語幹は直説法現在 nous の活用形から語尾の -ons を除いて作る.　être 以外のすべての動詞に共通.

　例えば finir : nous finiss~~ons~~ → je **finiss**ais　（être : nous sommes → j'**ét**ais）

用法：　1）過去において継続中，進行中の出来事を示す.

　　　　Je *regardais* la télévision quand il y a eu un tremblement de terre.
　　　　Il *pleuvait* quand je suis sorti ce matin.

　　　2）過去における状態，反復，習慣などを表す.

　　　　Quand j'*étais* petite, j'*allais* souvent chez mes grands-parents.

　　　3）時制の一致（間接話法で過去における現在を示す）.

　　　　Elle m'a dit qu'elle *était* très fatiguée.

2. 直説法大過去形 🔊092 :

助動詞 avoir または être の直説法半過去形＋過去分詞

（直説法複合過去形の助動詞の部分だけを半過去形にする）

rencontrer						partir					
j'	avais	rencontré	nous	avions	rencontré	j'	étais	parti(e)	nous	étions	parti(e)s
tu	avais	rencontré	vous	aviez	rencontré	tu	étais	parti(e)	vous	étiez	parti(e)(s)
il	avait	rencontré	ils	avaient	rencontré	il	était	parti	ils	étaient	parti**s**
elle	avait	rencontré	elles	avaient	rencontré	elle	était	parti**e**	elles	étaient	parti**es**

用法：　1）過去のある時点において既に完了している出来事を示す.

　　　　Quand je suis arrivée à la gare, le dernier train *était* déjà *parti*.
　　　　J'ai enfin vu le directeur. — Tu ne l'*avais* pas encore *rencontré* ?

　　　2）時制の一致（間接話法で過去における過去を示す）

　　　　Elle m'a dit qu'elle *avait* déjà *mangé*.　　☆時制の一致については補遺（Annexe）参照 p.81.

3. 非人称表現 🔊093

1）　動詞 falloir：　*Il faut* travailler avant l'examen.　　　　*Il* me *faut* un peu de repos.

2）　Il arrive à 人 de 動詞（不定詞）

　　　Tu lis des poèmes de temps en temps ? — Oui, *ça* m'*arrive*.　（口語では ça は il の代わりとなる）
　　　Il m'*est arrivé* une fois *d'*acheter une veste d'occasion.

　　☆その他の重要な非人称表現は補遺（Annexe）p.81 参照.

Exercices

1. (　　)内の動詞を複合過去形か，半過去形に適宜活用させて入れなさい．文の意味も考えなさい．

1) Il (dormir :　　　　　　　　　　　　　　)
   quand je lui (téléphoner :　　　　　　　　　　　　　　　).

2) J'(avoir :　　　　　　　　　　) dix ans
   quand ma famille (déménager :　　　　　　　　　　　　　) à Tokyo.

3) Je (jouer :　　　　　　　　　　　　) souvent au foot
   quand j'(être :　　　　　　　　　　　) petit.

4) Quelqu'un (jouer :　　　　　　　　　　　) du piano
   quand je (passer :　　　　　　　　　　　) devant cette maison.

5) Elle (travailler :　　　　　　　　　　　) dans ce magasin avant.

6) Je ne (pouvoir :　　　　　　　　　　　) pas sortir à cause de la pluie.

2. (　　)内の動詞を複合過去形か，大過去形に適宜活用させて入れなさい．文の意味も考えなさい．

1) Quand elle (arriver :　　　　　　　　　　　) dans la salle, l'examen
   (commencer :　　　　　　　　　　　　　).

2) Hier soir, j'(rencontrer :　　　　　　　　　　　) le garçon que tu
   m'(présenter :　　　　　　　　　　　) chez toi il y a quelques semaines.

3. 指示に従って次の文を非人称構文に書き換えなさい．文の意味も考えなさい．

1) Pour arriver à midi, nous partons le matin très tôt.　（動詞の falloir を使って）

   → ....

2) On ne peut pas rester ici.　（Il est impossible de... の形で）

   → ....

▶ 総合問題 (Bilan) p.98

┌──┐
│ **よく使う表現：パンデミック（une pandémie)**
│
│ 　一世紀に何度か，その時代の医療と科学技術では簡単に克服できない恐ろしい疫病 (une épidémie)
│ が世界を脅かします．20世紀末にはエイズ（フランス語では le sida），狂牛病 (la maladie de la
│ vache folle)，21世紀に入ってからは重症急性呼吸器症候群 SARS（フランス語では le SRAS*），鳥
│ インフルエンザ (la grippe aviaire) などが耳に新しいところです．SARS の新型である Covid-19 は
│ 2019年以降，世界に重大な影響をもたらし，フランス語でもパンデミー (la pandémie) と呼ばれる
│ ことになりました．ゲノム解析などでワクチン (un vaccin) 開発も加速していますが，新しいパンデ
│ ミックの可能性も言われています．ちなみに狂牛病と SARS は人間が自分で招いたものと言わ
│ れています．SARS などは，自然開発で野生動物のウイルスが人間に移ったものです．フランス
│ では狂犬病ワクチンを開発したパストゥール研究所 (l'Institut Pasteur) が今回も活躍しました．
│
│ * le syndrome respiratoire aigu sévère　　　　　　　　　　（" La pandémie ", pp.100–101 参照.）
└──┘

Civilisation

原子力発電：フクシマとヨーロッパ

　数多くの犠牲者を出した 2011 年春の東日本大震災．福島県の原子力発電所 (centrale nucléaire) が世界最大級の事故を起こしました．深刻な汚染を広範囲かつ長期的にもたらすことになり，原子力発電 (l'énergie nucléaire) の安全神話を葬ったこの事故を，世界が注視しました．各国は原発依存型のエネルギー政策を再考せざるを得ませんでした．ヨーロッパの地震国はイタリアぐらいですが，この国では同年 6 月に原発再開に関する国民投票が行われ，否決されました．地震国でないにもかかわらず，ドイツとスイスは原発の放棄を決定しました．世界第二位の原発大国フランスでも（その原発数は 58 基，日本は 54 基），原発の継続を問う国民投票を求める声が環境保護政党などから高まりました＊．事故後 10 年以上経った今，溶融した核燃料は地下に潜ったままで，汚染水の海水放出すら始まります．避難民への支援も打ち切られる中，各地では原発再稼働の決定が取られていますが… さあ世界の目は？

　高度経済成長を目指した 20 世紀後半の先進国は，大量のエネルギー生産を可能にする原発を必要としてきました．あれほどの事態が起こってもロシア - ウクライナ危機等で原発復権の動きすら見られます．ただ，人はかくも早く過去を忘れようとするのでしょうか．そして原発は「必要悪」にしかなり得ないのでしょうか？

＊ 反原発スローガンの例：" Le nucléaire est le moyen le plus dangereux de faire bouillir de l'eau. "

世界の原発分布図

福島第一原発の事故

「残されし大地」

　ベルギー人のジル・ローラン氏が監督した「残されし大地（原題：*La terre abandonnée*）」（2016 年）は，事故後の福島を扱ったドキュメンタリー映画です．放射能汚染され，避難指示の解除が待たれる馴染みの地域に住み続ける人，そこに戻ろうとする人々の姿，海外から到着する取材班などを淡々と撮影しています．フランスでも複数の賞を受賞し世界的に有名になりましたが，惜しくも監督のローラン氏は完成を目前にした 2016 年 3 月，ブリュッセルの無差別テロによって命を落としました．

Leçon 14　『飲みながら花見？』🔊094,095

Tarô :　Vincent, vous êtes à Tokyo depuis 3 mois, je crois.
　　　　Que pensez-vous du Japon ?

Vincent :　Euh... C'est un peu difficile de répondre...

Tarô :　Bon alors, par exemple, euh, que pensez-vous de la tradition du
　　　　" hanami " ?

Vincent :　Le hanami ?　Ah, eh bien, je trouve que c'est une très belle tradition.
　　　　Manger en admirant les fleurs, c'est très agréable.

Tarô :　Et vous, Marielle ?

Marielle :　Moi, je ne suis pas du tout d'accord.
　　　　Tous ces gens qui boivent beaucoup en parlant trop fort...　non merci !
　　　　Je pense que ça gâche le paysage.

Tarô :　Alors, comment dire... vous voulez interdire l'alcool sous les cerisiers ?

Marielle :　Oui, je pense que c'est une bonne idée.

Vincent :　Quoi ?　Tu le penses vraiment ?

Marielle :　Mais oui, puisque je le dis.

Vincent :　Interdire l'alcool, moi, je suis contre.
　　　　En buvant un peu, les gens sont plus décontractés.
　　　　Un hanami sans alcool, c'est comme un jour sans pain...

Marielle :　Hum, en y* réfléchissant bien, tu as peut-être raison.

---

* y = 中性代名詞.　" réfléchir à... " の " à... " の代わりとなる.　Leçon 10 を参照のこと.

Grammaire

1. **現在分詞とジェロンディフ（gérondif）** 🔊096

   1) 現在分詞

      -ant

      作り方：動詞を直説法現在 nous の活用形にし，語尾の -ons の代わりに -ant を付加.

      parler   →   parl*ant*
      réfléchir   →   réfléchiss*ant*

      例外： avoir   →   ay*ant*
              être   →   ét*ant*
              savoir   →   sach*ant*

   2) ジェロンディフ（**en ＋現在分詞**）

      ジェロンディフは主節の動詞にかかり，その主語は主節の主語と同じ. 同時性や条件などを表す.

      J'ai pris un verre de vin *en écoutant* de la musique.
      J'ai rencontré Victor *en sortant* de l'université.
      En montant la rue Lepic, on arrivera au Sacré-Cœur.

   3) 現在分詞のみの場合（主に書き言葉）

      a) 理由，同時性などを表す.

         Glissant sur la neige, il a failli* tomber.   * 動詞は faillir.

         N'*ayant* rien à manger chez lui, il est allé manger dehors.

      b) 関係詞節の代わりに，形容詞的に用いられる.

         J'ai rencontré Victor *sortant* de l'université.

2. **中性代名詞（3）le** 🔊097

   性と数に関係なく，基本的に前の文の内容を受ける（形容詞，節，動詞の不定詞）.

   Est-ce que Serge est content de sa nouvelle voiture ? — Non, il ne *l'*est pas.
   C'est une bonne idée. — Tu *le* penses vraiment ?
   Tu sais ouvrir correctement une bouteille de vin ? — Non, je ne sais pas *le* faire.

Exercices

1. (   )内の動詞をジェロンディフにして入れなさい．文の意味も考えなさい．

   1) J'ai fait mes études (travailler :   ) à mi-temps.
   2) Ne regarde pas ton écran (manger :   ) !
   3) (attendre :   ) le bus, je lisais une bande dessinée.
   4) J'ai bien compris votre opinion (vous écouter :   ).
   5) Il conduisait (regarder :   ) son smartphone. Il a failli tuer
      quelqu'un.

2. (   )内の動詞を現在分詞にして入れなさい．文の意味も考えなさい．

   1) (être :   ) très fatigué, je n'ai pas pu sortir hier soir.
   2) (sortir :   ) de la librairie, j'ai rencontré Jeanine par hasard.
   3) Les garçons (passer :   ) devant elle la regardent encore une fois.
   4) (ne pas avoir :   ) dix-huit ans, il ne peut pas encore voter.

3. 中性代名詞 le を用いて問いに答えなさい．文の意味も考えなさい．

   1) Savez-vous qu'il est déjà parti ?

      — Oui, ...

   2) Sont-ils heureux ?

      — Non, ...

▶ 総合問題 (Bilan) p.99

> **よく使う表現：サッカー (le football)** 🔊098
>
> un joueur（選手）/ une équipe（チーム）/ un match（試合）/ un entraîneur（監督）/
> le gardien（キーパー）/ le score（スコア）/ la mi-temps（ハーフタイム）/
> marquer un but（ゴールする）/ recevoir un avertissement（警告を受ける）/
> être expulsé（退場になる）/ un score nul（引き分け）/
> le championnat du Japon de football (" J. League ") / le championnat de France de football
> (" Ligue 1 ") / la coupe du monde（ワールドカップ）/ le classement（ランク）/
> un stade（スタジアム）/ L'OM a battu le PSG trois à zéro.（OM が PSG を 3 対 0 で破った）/
> Plusieurs joueurs japonais jouent dans des équipes européennes.（日本人選手数人がヨーロッ
> パのチームでプレーしている）

Civilisation
変わっていくフランス語

＊新たな女性形

" Nous sommes étudiants. " （我々は学生です.） これは一番最初に習った文型です. ただし, 「我々」の中で男性の方が少数でもこう言わなければなりませんでした. " Nous sommes étudiantes. " が使えるのは, 全員が女性のときだけなのです. これは女性にとって不公平であるとして, 近年はフランス語自体を少し変えようという動きも出てきました. その結果, 今のフランスやカナダでは, 単に " les étudiants " という代わりに " les étudiantes et les étudiants " と言ったり, あるいはトレ・デュニオン (trait d'union) などを用いた次のような工夫が凝らされています. " Nous sommes des étudiant-e-s motivé-e-s. "

この動きに従って, フランス政府は最近, 職業のすべてに女性形を作ることを法律で義務付けました. なぜなら昔は " médecin ", " professeur ", " ministre " など女性がつくことが少なく, それゆえ言葉に女性形が存在しなかった職業があるからです. 今やもう " une médecin ", " une professeure ", " une auteure ", " Madame *la* ministre " と言っても間違いではありません.

＊新たな綴り

2007 年からフランスの学校ではいくつかの語に関して新しい綴りが推奨され, フランス語圏の近隣国 (ベルギー, スイス) などでもそれにならう動きが始まっています. 例えば2語以上からなる数字はすべて " trait d'union " でつなぐ：vingt-et-un (21), deux-mille-douze (2012). あるいは i と u の上にあった " accent circonflexe " が消えるなど (例：connaitre, paraitre...). すべて簡略化をはかったものです.

（詳細は http://www.orthographe-recommandee.info）

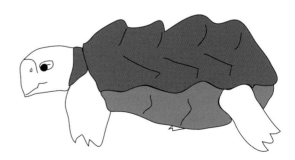

Leçon 15

「よかったら明日も…」 🔊 099,100

1.

La mère d'Estelle :	Allô oui ?
Vincent :	Bonjour. C'est Vincent.
La mère d'Estelle :	Ah, bonjour, Vincent !
Vincent :	Est-ce que je pourrais parler à Estelle s'il vous plaît ?
La mère d'Estelle :	Oui elle est là. Un instant.
Vincent :	Merci.

2.

Estelle :	Allô Vincent ? Ça va ?
Vincent :	Oui, ça va. Je voudrais te demander quelque chose.
Estelle :	Oui je t'écoute.
Vincent :	Tu te rappelles le nom de cette pizzeria où on était allé la dernière fois ?
Estelle :	" Les calanques " ?
Vincent :	Ah oui c'est ça. Tu ne voudrais pas y retourner ce soir ? Je t'invite.
Estelle :	Ah dans ce cas, d'accord.

3. (Vincent appelle la pizzeria pour réserver)

Vincent :	Bonjour, je voudrais réserver pour ce soir.
Une employée de la pizzeria :	Pour combien de personnes ?
Vincent :	Deux.
L'employée de la pizzeria :	Ne quittez pas... Désolée, c'est complet.
Vincent :	Tant pis. Merci.

4. (à la boulangerie)

Vincent :	Je voudrais une baguette s'il vous plaît. Et vous pourriez la couper en deux ?
La boulangère :	Mais bien sûr. Voilà c'est 1 euro 20.

(chez le charcutier)

Le charcutier :	Et pour Mademoiselle ce sera ?
Estelle :	Deux tranches de jambon cru.

5. (tous les deux, assis sur un rocher face à la mer)

Vincent :	Finalement c'est aussi bon, un petit sandwich devant la mer, non ?
Estelle :	C'est vrai. On devrait faire ça plus souvent.
Vincent :	Si tu voulais, on reviendrait demain.
Estelle :	Mais oui... Si tu veux, on reviendra demain !

Grammaire

1. 条件法現在形 🔊 101

habiter		
j' habite**rais**	nous habite**rions**	
tu habite**rais**	vous habite**riez**	
il habite**rait**	ils habite**raient**	
elle habite**rait**	elles habite**raient**	

活用語尾	
-rais	-rions
-rais	-riez
-rait	-raient

avoir		
j' au**rais**	nous au**rions**	
tu au**rais**	vous au**riez**	
il au**rait**	ils au**raient**	
elle au**rait**	elles au**raient**	

être		
je se**rais**	nous se**rions**	
tu se**rais**	vous se**riez**	
il se**rait**	ils se**raient**	
elle se**rait**	elles se**raient**	

☆活用語尾はすべての動詞に共通しており，rの後は直説法半過去形の語尾となる.

☆語幹は直説法単純未来形と同じ.

avoir → j'**au**rais	être → je **se**rais	vouloir → je **voud**rais
venir → je **viend**rais	pouvoir → je **pour**rais	faire → je **fe**rais

用法：

1) 現在の事実に反する仮定を立て，その帰結を想定（もし…なら，…なのに）.

> **Si ... 直説法半過去形, ... 条件法現在形**

Si tu voulais, on *reviendrait* demain.

Si j'avais l'occasion, j'*habiterais* à l'étranger.

S'il faisait beau aujourd'hui, on *irait* au zoo avec les enfants.

cf. Si ... 直説法現在形, ... 直説法未来形（単なる未来の仮定）：Si tu veux, on reviendra demain.

2) 語気緩和，丁寧な表現.

Je *voudrais* un café, s'il vous plaît.

Pourrais-je parler à Laurent, s'il vous plaît ?

☆条件法過去形については補遺（Annexe）p.82参照.

Exercices

1. (　　　)内の動詞を条件法現在形に活用させて入れなさい．文の意味も考えなさい．

1) J'(aimer :　　　　　　　　　) bien te revoir.

2) (pouvoir :　　　　　　　　　)-vous me dire l'heure, s'il vous plaît ?

3) On (vouloir :　　　　　　　) payer par carte.

4) Si elle pensait à moi, je (être :　　　　　　　) heureux.

5) S'il ne pleuvait pas, j'(aller :　　　　　　　) à la campagne.

6) Il (falloir :　　　　　　　) penser un peu plus à aider les autres.

2. 次の文全体を，主節に条件法現在形を使って書き換えなさい．文の意味も考えなさい．

1) Si j'ai le temps, je partirai en voyage.

→ ....

2) Si je suis en forme, je sortirai.

→ ....

▶ 総合問題 (Bilan) p.100

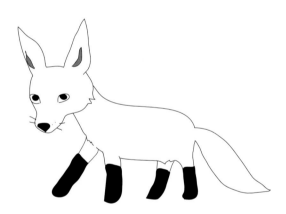

よく使う表現：レストランで 🔊102

Quel est le plat du jour* s'il vous plaît ?　　* le plat du jour = 日替わり

Je voudrais le plat du jour / le menu* à 15 euros.　　* le menu = 定食（前菜＋主菜など）

Je pourrais avoir des haricots verts à la place des frites ?

Est-ce que je pourrais voir la carte des desserts / des vins ?

L'addition s'il vous plaît !

Excusez-moi, mais pourriez-vous vérifier l'addition s'il vous plaît（il me semble qu'il y a une erreur）? Nous n'avons pas pris de cafés.

Civilisation

今日のフランス語

＊よく使われる表現

" C'est pas grave. " 「大丈夫，大したことないです」（謝罪などに対して）

— Pardon pour mon retard. — C'est pas grave.

（本当は " Ce n'est pas grave. " ですが，会話ではよく " ne " が省略されます.）

" Pas de souci. "（＝ pas de problème 「問題ないです」）

" C'est cool. "（＝ c'est super 「素晴らしい」）

" Le taf "（＝ le travail）. " taffer "（＝ travailler）.

" Nickel！"（＝ c'est parfait！「完璧！」）

" Je suis crevé. "（＝ Je suis très fatigué）

" Je bosse. "（bosser ＝ travailler）

" Zut！" " Mince！" など…

＊言葉をはしょる傾向

" un appartement " は " un appart ", " un ordinateur " は " un ordi ", " la mayonnaise " は " la mayo ", " un réfrigérateur " は " un frigo ", " sympathique " は " sympa " など…

＊若者のショートメッセージの一例

TMTC : Toi-même, tu sais.

Tkt : Ne t'inquiète pas.

Tfk : Tu fais quoi ?

OKLM : " au calme ".

Leçon 16

Alain : Alors, Clotilde : il y a quelque chose qui ne va pas ?

Clotilde : C'est à propos de Georges.

Tu sais : on sort ensemble depuis deux mois.

Eh bien je crois qu'il voit une autre fille.

Alain : Tu en es sûre ? Et tu le laisses faire ? Tu ne dis rien ?

Clotilde : Justement : je voudrais que tu m'aides.

Alain : Et qu'est-ce que tu veux que je fasse ?

Clotilde : Je n'arrive pas à savoir la vérité.

Vous êtes de bons copains : toi, tu réussiras peut-être à le faire parler.

Alain : Je veux bien mais... Tu veux que je te donne mon avis ?

Je ne crois pas que Georges soit très sérieux.

Clotilde : Ah bon ? Au fond, tu as peut-être raison.

Je voulais quelqu'un qui soit plus stable, plus adulte.

Euh... Alain, il faut que je te dise...

Tu ne voudrais pas sortir avec moi ?

Alain : Quoi ? Mais tu sais bien que j'ai déjà une petite amie !

Clotilde : Ça ne fait rien ! Tu n'es pas obligé de lui dire !

Alain : Oh mais c'est déjà trois heures. Il faut que j'y aille. Salut !

Grammaire

1. 接続法現在形 🔊 105

donner		
je donne	nous donn**ions**	
tu donn**es**	vous donn**iez**	
il donne	ils donn**ent**	
elle donne	elles donn**ent**	

活用語尾	
-**e**	-**ions**
-**es**	-**iez**
-**e**	-**ent**

avoir		
j' aie	nous ayons	
tu aies	vous ayez	
il ait	ils aient	
elle ait	elles aient	

être		
je sois	nous soyons	
tu sois	vous soyez	
il soit	ils soient	
elle soit	elles soient	

☆活用語尾は，avoir と être を除くすべての動詞に共通.

☆語幹は，直説法現在 ils (elles) の活用形から -ent を取ったもの．例：ils finiss**ent** → je finiss**e**

ただし次のように特殊な語幹をとる動詞がある.

faire → je **fass**e   pouvoir → je **puiss**e   savoir → je **sach**e

aller → j'**aill**e   (nous と vous の例外的な活用に注意：nous **all**ions, vous **all**iez)

vouloir → je **veuill**e   (nous と vous の例外的な活用に注意：nous **voul**ions, vous **voul**iez)

他に　falloir → il **faill**e　など

用法：接続法は従属節で用いられ，主に話者の主観性を表す.

主節が話者の意志，希望，疑い，否定，感情などを表すとき.

Je voudrais bien qu'elle m'*aime*.

Je crains que mon chien ne *soit* malade.   (ne は虚辞)

Je ne crois pas qu'il *soit* sérieux.   (cf. Je crois qu'il est sérieux.)

Je suis content que vous *soyez* là aujourd'hui.

Il faut que j'y *aille*.

☆その他の接続法の用法は補遺 (Annexe) p.83 参照.

2. 使役動詞 🔊 106

faire (使役：〜させる) と laisser (放任：〜させておく) があり，動詞の不定詞と共に用いる.

Tu le* *fais parler*.

Tu le* *laisses faire*.

Ça vous* *fait rire*.

Je vous* *laisse partir*.

* le, vous はここでは直接目的語の人称代名詞.

☆ voir, regarder, écouter, entendre などのいわゆる知覚動詞も同様に動詞の不定詞を従える構文を取る.

補遺 (Annexe) p.83 参照.

Exercices

1. （　　　）内の動詞を接続法現在形に変えなさい．文の意味も考えなさい．

   1) Je souhaite que tout le monde (être :　　　　　　　　　　) en bonne santé.

   2) C'est dommage qu'elle ne (venir :　　　　　　　　　) pas ce soir.

   3) Il faudrait que vous (avoir :　　　　　　　　　) du courage.

   4) Il faut que vous (finir :　　　　　　　　) le plus tôt possible.

   5) Je voudrais qu'on (faire :　　　　　　　　) ce travail ensemble.

   6) J'aimerais que tu (comprendre :　　　　　　　　　) ma situation.

2. 例にならって使役か放任を表す文を作りなさい．文の意味も考えなさい．

  Vous réfléchissez. （Je, 放任）　→　Je vous laisse réfléchir.

   1) Les assiettes tombent. （Elle, 使役）

     → ....

   2) Je pense à l'histoire du " Chat botté ". （Ça, 使役）

     → ....

   3) Nous ne dormons pas en classe. （Notre professeur, 放任）

     → ....

▶▶ 総合問題 (Bilan) p.101

> **注意！：" Je sors avec* mon amie... "**　　* " sortir avec... " は，「…とデートする」
>
> 日本語では「今日友達と出かける」などと言いますが，これをフランス語にするとき「友達」の前に冠詞をつけなければなりませんでしたね．ただしそのとき「私の」という所有形容詞を自動的につけないように（例えば " mon amie ", " mon ami " など）！　フランス語では（私の）彼女または彼氏という意味になってしまいます．ただの友達なら，" une amie ", " un ami " と言って下さい．

Civilisation

フランス式会話入門

＊まず理屈

　フランス人は理屈屋 (ergoteur) です．フランス人と話すときは " Pourquoi？" と " Parce que... " をたくさん使ってください．他人はとにかく追求し，自分はひたすら釈明するのがこつです．もしフランス人に謝ることになったら，その前に，まず説明，釈明 (fournir une explication, donner une excuse) です．

＊次に理屈

　自分も理屈屋であることを示して下さい．相手に100％賛成できないときは，相手の言葉をさえぎり，食い下がってかまいません．フランス式に行くと，それは必ずしもあなたが攻撃的であるということにはなりません．むしろ相手の話を聞いている証拠なのです．

　ただ，もともと相手に軽く議論を吹っかけることになれていない日本人が，下手にこの真似をしようものなら，過剰に攻撃的になってしまいます．日本では，暗黙に「和」を重んじてしまうか，あるいは必要以上に激しく自己主張してしまうか，どちらかの間でバランスが取りにくいようです．

＊最後に「ノン」

　フランス人と話すときの忠告です．とにかく，相手の言ったことがよくわかっていないのに「ウイ」と言わないことです．賛成に取られてしまいます．曖昧な返事をするぐらいなら，「ノン！」で頑張りましょう．

Non !

＊曖昧な返事をしないこと

　相手の提案を断るとき，日本では「ちょっと難しい」と言って遠まわしに断ったりします．これをそのままフランス語にしないようにしましょう．フランス語で " C'est un peu difficile. " と言うと，それが本当に少し難しいと言っているに過ぎません．断るなら " Non, c'est impossible. " と言わなければなりません．

　最も短いフランス人の口論パターン：

A : " Non !"
B : " Si !"
A : " Pourquoi？"
B : " Parce que !"

補遺 (annexe)

Leçon 0

◆2種類の h

フランス語では h は発音しない．しかし，発音上無視できない（リエゾンとエリジヨンの対象にならない）h もあるとされており，その場合辞書には何か印がついている（この h を h aspiré という）．

l'**h**omme（発音上無視できる大半の h）　　　　le **h**éros（発音上無視できない例外的な h）

Leçon 2

◆commencer と manger（または changer など）の活用

-er 動詞と同じだが，発音の都合上 nous の活用のつづりが変則的になる．

nous commen**ç**ons　　　　　　nous mang**e**ons　（活用表 p.116, 117 参照）

◆名詞複数形の例外的な変化

原　則	gar**ç**on	⇨	gar**ç**on**s**
不　変	repa**s**	⇨	repa**s**（語尾が s, z, x の場合）
特殊形	ois**eau**	⇨	ois**eaux**（語尾が au, eu の場合 x がつく）
	chev**al**	⇨	chev**aux**
その他	trav**ail**	⇨	trav**aux**
	œil	⇨	yeux 等

Leçon 3

◆形容詞の女性形

1) 原則　noir — noir**e**
2) 変わらない場合　drôl**e** — drôl**e**　　　jaun**e** — jaun**e**　　　facil**e** — facil**e**
3) 重要な例外　étrang**er** — étrang**ère**　　　actif — activ**e**　　　heur**eux** — heur**euse**
4) 語尾の子音字を重ねるもの　bo**n** — bo**nne**　　　genti**l** — genti**lle**
5) 特殊なもの　blanc — blanche　　　long — longue　　　frais — fraîche　　　doux — douce
6) 男性第2形を持つもの（母音字及び発音上無視できない h で始まる男性名詞の前で使う）
　　beau (bel) — belle　　　nouveau (nouvel) — nouvelle　　　vieux (vieil) — vieille

◆複数形容詞と不定冠詞の des

形容詞が複数形の名詞の前に来たとき，不定冠詞の des はほとんど de になる．

des jolies maisons　⇨　**de** jolies maisons

◆倒置疑問形について (1)

Ai-je ... ?	Avons-nous ... ?	(Est-ce que j'aime ... ?)	Aimons-nous ... ?
As-tu ... ?	Avez-vous ... ?	Aimes-tu ... ?	Aimez-vous ... ?
A-**t**-il ... ?	Ont-ils ... ?	Aime-**t**-il ... ?	Aiment-ils ... ?
A-**t**-elle ... ?	Ont-elles ... ?	Aime-**t**-elle ... ?	Aiment-elles ... ?

普通，1人称単数（je）では倒置疑問形を使わない（avoir, être など一部の動詞は例外）．動詞の3人称単数の活用形が a か e で終わっている場合は -t- を補う．

◆ **倒置疑問形について (2)**

倒置疑問で，主語が代名詞でないときは，名詞をまず出しておき，その後に代名詞で受けかえる．

La gare est-**elle** près de l'école ?   Les Français parlent-**ils** anglais ?

Leçon 5

◆ **ne ... pas 以外の否定形**

ne ... plus :	Il *n'*habite *plus* ici.
ne ... jamais :	Je *ne* mange *jamais* de hamburgers.
ne ... rien :	Je *ne* fais *rien* le dimanche.
ne ... que :	Je *n'*ai *que* 500 yens.
ne ... personne :	Il *n'*y a *personne*.
ne ... pas encore :	Je *n'*ai *pas encore* mangé.
ne ... pas du tout :	Je *ne* comprends *pas du tout*.

Leçon 6

◆ **être, avoir を使った命令形**

être と avoir の命令形については，動詞が例外的に接続法現在（未習）の活用となる．

être	**avoir**
sois	aie
soyez	ayez
soyons	ayons

とりあえずよく使う以下の表現を覚えよう．
Soyez gentil.　（être）
N'*ayez* pas peur.　（avoir）

◆ **時間の言い方**

フランス語では 24 時間制でも時間を表す．この場合，分は必ず数字で読む．
午後 3 時 30 分 ＝ quinze heures trente　（15h30）

Leçon 8

◆ **直接，間接目的語の両方を並べるとき**

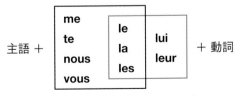

主語 ＋ me / te / nous / vous ＋ le / la / les ＋ lui / leur ＋ 動詞

Je te donne *ce livre*.　⇨　Je te **le** donne.　（否定形：Je ne *te le* donne pas.）
Elle lui prête *ce CD*.　⇨　Elle **le** lui prête.　（否定形：Elle ne *le lui* prête pas.）

3 人称の直接目的語（le, la, les）を使うときだけ，上の語順で言うことができる．

☆命令形:

Tu *me* montres *ces photos*. → Montre-**les-moi**. （直接目的語 – 間接目的語の順）

否定命令のときは肯定文と同じ語順. Ne *me les* montre pas.

Leçon 9

◆代名動詞の用法について

1) 再帰的用法（主語の動作が主語自身に及ぶこと）：本文中の例.

Je *me réveille* à onze heures. （ここで me は直接目的語）

Je *me rappelle* cet accident. （ここで me は間接目的語）

Je *me lave* les mains. （ここで me は間接目的語）

2) 受動的（主語は普通事物）

Ce livre *se vend** bien. *vendre の活用は attendre と同じ.

Ça *s'écrit* comment, votre nom ?

3) 相互的（主語は複数）

On *se voit* souvent.

Vous *vous connaissez* depuis longtemps ?

4) その他：熟語的表現（se souvenir de ..., se moquer de ..., s'en aller など）

Je *me souviens* bien *de* ce monsieur.

Tu *te moques de* moi.

Je *m'en vais*.

◆代名動詞の直説法複合過去形（助動詞はすべて **être**）

se reposer						
je	me suis	reposé(**e**)	nous	nous	sommes	reposé(**e**)**s**
tu	t'es	reposé(**e**)	vous	vous	êtes	reposé(**e**)(**s**)
il	s'est	reposé	ils	se	sont	reposé**s**
elle	s'est	reposé**e**	elles	se	sont	reposé**es**

否定形：Je ne me suis pas reposé(e).

疑問形：T'es-tu reposé(e) ?

再帰代名詞が直接目的語のとき，過去分詞はその性・数と一致する.

☆例外：再帰代名詞が間接目的語のときはその限りではない. 例：Elle *s'est lavé* les mains.

Leçon 10

◆疑問代名詞（前置詞がついた場合）

人	前置詞＋ **qui**
物	前置詞＋ **quoi**

À qui téléphonez-vous ? Tu pars *avec qui* ?

À quoi penses-tu ? *De quoi* parlez-vous ?

Leçon 11

◇ **過去分詞の一致について**

avoir を助動詞とする複合過去形において，過去分詞の前に直接目的語が位置する構文となった場合，その性・数に対して過去分詞が一致する．

La fille que j'ai connu**e** chez Hervé viendra ce soir.

La photo que j'ai pris**e** là-bas est ratée.

Céline ?　Je l'ai vu**e** hier soir.　　（Céline = *la*）

Leçon 12

◇ **直説法前未来形**（助動詞 avoir または être の直説法単純未来形＋過去分詞）

finir				arriver				
j' aurai fini		nous aurons fini		je serai arrivé(e)		nous serons arrivé(e)s		
tu auras fini		vous aurez fini		tu seras arrivé(e)		vous serez arrivé(e)(s)		
il aura fini		ils auront fini		il sera arrivé		ils seront arrivés		
elle aura fini		elles auront fini		elle sera arrivé**e**		elles seront arrivé**es**		

用法：未来完了を表す．

　　　J'*aurai fini* mon travail à dix-huit heures.　　　Je *serai arrivé* vers minuit.

Leçon 13

◇ **その他の非人称表現**

Il est nécessaire / important de lire les journaux.

Il est interdit de stationner ici.　　（interdire）

Il est question de conflits sociaux dans le journal.

Il s'agit de bien comprendre ce qui est écrit.　　（s'agir de）

Il semble que tu aies* raison.　　　* 動詞は avoir の接続法現在形（Leçon 16 参照）．

Il reste* encore quelques minutes.

　* arriver, rester, manquer など元は非人称でない動詞が非人称に用いられることがある．

Ça te dit d'aller au cinéma samedi ?

Il était une fois un loup qui vivait dans la montagne...

◇ **話法の転換**（直接話法から間接話法へ）**と時制の一致について**

1）　平叙文

　　Elle dit : " Je suis amoureuse. "　　⇨　Elle dit *qu'elle est* amoureuse.

　　Elle a dit : " Je suis amoureuse. "　　⇨　Elle a dit *qu'elle était* amoureuse.　（過去における現在）

　　Elle a dit : " J'ai été amoureuse. "　　⇨　Elle a dit *qu'elle avait été* amoureuse.　（過去における過去）

　　Elle a dit : " Je serai amoureuse. "　　⇨　Elle a dit *qu'elle serait* amoureuse.　（過去における未来）

2) 疑問文

    a) 普通の疑問文は **si** で

        Je lui ai demandé : " As-tu envie de venir ? " ⇨ Je lui ai demandé *s'*il (*si* elle) avait envie de venir.

    b) quand, où, pourquoi などの疑問詞はそのまま

        Je lui ai demandé : " Quand viendras-tu ? " ⇨ Je lui ai demandé *quand* il (elle) viendrait.

    c) qui est-ce qui, qui est-ce que → **qui**

        Je lui ai demandé : " Qui est-ce qui viendra avec toi ? "

        ⇨ Je lui ai demandé *qui* viendrait avec lui (elle).

    d) Qu'est-ce que, que → **ce que**　（同様に qu'est-ce qui → **ce qui**）

        Je lui ai demandé : " Qu'est-ce qu'on va manger ? "

        ⇨ Je lui ai demandé *ce qu'*on allait manger.

Leçon 14

◇ 現在分詞構文：複合形，否定形など

複合形（助動詞 avoir または être の現在分詞＋過去分詞）は，主節の内容以前に完了したことを表す.

Ayant eu dix-huit ans l'an dernier, Thomas peut aller voter.
*N'ayant pas obtenu** de diplôme, Thomas n'arrive pas à trouver facilement du travail.　* 動詞は obtenir
Son père *étant* malade, il doit souvent rentrer chez ses parents.　　（別の主語を持つ独立分詞構文）

Leçon 15

◇ 条件法過去形（助動詞 avoir または être の条件法現在形＋過去分詞）

habiter				aller			
j' aurais habité	nous aurions habité			je serais allé(e)	nous serions allé(e)s		
tu aurais habité	vous auriez habité			tu serais allé(e)	vous seriez allé(e)(s)		
il aurait habité	ils auraient habité			il serait allé	ils seraient allés		
elle aurait habité	elles auraient habité			elle serait allée	elles seraient allées		

用法：過去の事実に反する仮定を立て，その帰結を想定（もし…だったら…だったのに）

> **Si ... 直説法大過去形, ... 条件法過去形**

Si j'avais eu l'occasion, j'*aurais habité* à l'étranger.
Si j'étais parti cinq minutes plus tard, j'*aurais manqué* le train.
S'il avait fait beau dimanche, on *serait allé* au zoo avec les enfants.

◇ 条件法の用法（補足）

条件法現在形，過去形は推測を表すこともある.

L'accident de train d'hier *aurait fait* vingt morts environ.　Il y *aurait* aussi de nombreux blessés.

◇ **接続法過去形**（助動詞 avoir または être の接続法現在形＋過去分詞）

donner						venir					
j'	aie	donné	nous	ayons	donné	je	sois	venu(e)	nous	soyons	venu(e)s
tu	aies	donné	vous	ayez	donné	tu	sois	venu(e)	vous	soyez	venu(e)(s)
il	ait	donné	ils	aient	donné	il	soit	venu	ils	soient	venu**s**
elle	ait	donné	elles	aient	donné	elle	soit	venu**e**	elles	soient	venu**es**

用法：主節の動詞より前に完了していることを指す.

Je regrette que vous n'*ayez* pas *donné* votre opinion.

Je suis heureux que vous *soyez venu*.

（接続法にはこの他接続法半過去形，大過去形などがあるが，会話表現では用いられない. 詳しくは p.85 参照）

◇ **接続法の用法**（補足）

1) 従属節が目的，仮定，譲歩などを表す接続詞句で始まるとき.

   Je fais des économies *pour que* ma famille n'*ait* pas de problèmes financiers plus tard.

   Bien qu'il *soit* très intelligent, il est très lâche.

   À moins qu'elle *vienne* me parler, j'irai la voir.

2) 先行詞に最上級などの限定的表現，ないし否定など，その存在が不確かになる表現がつく場合.

   C'est la meilleure interprétation de Mozart que j'*aie écoutée* depuis longtemps.

   Il n'y a personne qui *ait compris*.

   Je cherche un assistant qui *sache* bien répondre au téléphone.

3) 独立節（希望，命令を表す）.　Que le monde *soit* en paix. / *Vive* la France !

◇ **知覚動詞**（voir, regarder, écouter, entendre...）**の使い方**

Cet hôtel est horrible. On *entend* les gens *parler* dans la chambre voisine.

（目的語を代名詞で言い換えた場合：On les entend parler dans la chambre voisine.）

J'*ai vu* Céline *sortir* de la banque tout à l'heure.

（目的語を代名詞で言い換えた場合：Céline ? Je l'ai vue sortir de la banque tout à l'heure.）

◆ **文法 encore !**（その他の重要な文法事項）

◇ **前置詞＋関係代名詞**

1) 前置詞＋ qui

   先行詞は人：C'est la personne *avec qui* j'ai parlé hier au téléphone.

2) 前置詞＋ lequel, laquelle, lesquels, lesquelles

   先行詞は原則として物：

   Ce sont des livres *avec lesquels* je travaille.

C'est le groupe de travail *auquel** j'appartiens.

Le garçon *à côté duquel** vous êtes assis est mon fils.

* 前置詞のàとde を伴う場合は縮約形*auquel*（à ＋ lequel），*aux*quels（à ＋ lesquels），*duquel*（de ＋ lequel），*des*quels（de ＋ lesquels）を取る．de ＋ lequel, laquelle, lesquels, lesquelles の形の場合，関係代名詞の dont で言い換えが可能（ただし de のみがつく場合に限られる）．

☆ Lequel, laquelle などは疑問代名詞としても用いられる：

Tu peux me rapporter un fromage de ton pays ? ― Oui, *lequel* ?

3) 前置詞＋quoi　　C'est ce *à quoi* je pense. 　先行詞は ce, cela など．

◇ **直説法単純過去形**

travailler					finir			
je	travaill**ai**	nous	travaill**âmes**		je	fin**is**	nous	fin**îmes**
tu	travaill**as**	vous	travaill**âtes**		tu	fin**is**	vous	fin**îtes**
il / elle	travaill**a**	ils / elles	travaill**èrent**		il / elle	fin**it**	ils / elles	fin**irent**
(-er 動詞の活用：**a** 型)					(第 2 群規則動詞及び若干の動詞：**i** 型)			

avoir					être			
j'	**eus**	nous	e**ûmes**		je	**fus**	nous	f**ûmes**
tu	**eus**	vous	e**ûtes**		tu	**fus**	vous	f**ûtes**
il / elle	e**ut**	ils / elles	e**urent**		il / elle	f**ut**	ils / elles	f**urent**
(例外形：**u** 型の活用)					(例外形：**u** 型の活用)			

☆語幹は過去分詞から作るものが多い．

☆語尾(太字)は上記のように **a**, **i**, **u** 及び **in** 型（venir など）を軸としたものに分かれる．

用法：現在とはっきり離れた過去の出来事を述べる．書き言葉のみに用いられる．

La deuxième guerre mondiale *commença* en 1939.

Le peintre hollandais Van Gogh *naquit* en 1853 et *mourut* en 1891.

◇ **所有代名詞**

	男性単数	女性単数	男性複数	女性複数
私のもの	**le mien**	**la mienne**	**les miens**	**les miennes**
君のもの	**le tien**	**la tienne**	**les tiens**	**les tiennes**
彼（女）のもの	**le sien**	**la sienne**	**les siens**	**les siennes**
私達のもの	**le nôtre**	**la nôtre**	**les nôtres**	
あなた（達）のもの	**le vôtre**	**la vôtre**	**les vôtres**	
彼（女）達のもの	**le leur**	**la leur**	**les leurs**	

La veste de mon père est usée. *La mienne* est toute neuve.

◇ **指示代名詞**

1) 性と数によって変化しないもの：　**ce**　　**ceci**　　**cela (ça)**

Avec *ceci* ? — *C'est tout. Ça ira comme ça.*　　（チーズや総菜コーナーなどで頼むときの会話）

ce はほぼ必ず être の主語になる．ceci と cela (ça) は物や事を受け，名詞として用いられる．

2)　性と数によって変化するもの：　**celui　　celle　　ceux　　celles**

Mon ordinateur est un vieux modèle. *Celui* de Kim est plus récent.

前に話題になった名詞（人ないし物）を受ける．限定詞（celui **de**..., celui **qui**... など）を伴う．

Tu n'aimes pas ces cravates ?
— Mais si, elles sont très belles ! Mais je préfère *celle-ci* à *celle-là*.

☆遠近の場合を表すときは -ci, -là をつける．

◇ **比較級（補足）**

1)　形容詞・副詞以外の比較

動詞の比較　Je bois *plus que* lui.　（**plus / autant / moins**）
名詞の比較　Elle gagne *plus d*'argent *que* son mari.　（**plus de / autant de / moins de**）

2)　劣等比較級　C'est mauvais. → 比較級（**pire**）：　　C'est *pire qu*'avant.
　　　　　　　　　　　　　　　　最上級（**le, la pire**）：　C'est *la pire* situation *de* ma vie.

◇ **接続法半過去形・大過去形**

avoir			être		
j' eu**sse**	nous	eu**ssions**	je fu**sse**	nous	fu**ssions**
tu eu**sses**	vous	eu**ssiez**	tu fu**sses**	vous	fu**ssiez**
il / elle eû**t**	ils / elles	eu**ssent**	il / elle fû**t**	ils / elles	fu**ssent**

travailler : je travaillasse ...　　　finir : je finisse ...　　　venir : je vinsse ...

☆語幹は直説法単純過去 tu の活用形から s を取ったもの．語尾（太字）はすべての動詞に共通．

1)　接続法半過去形

用法：時制の一致．

Il veut qu'elle vienne. ⇨ Il voulait qu'elle *vînt*.　　（会話では接続法現在形のまま）

2)　接続法大過去形（助動詞 avoir または être の接続法半過去形＋過去分詞）

用法：

a)　時制の一致．

Je suis heureux que vous *soyez venu*.
⇨ J'étais heureux que vous *fussiez venu*.　　（会話では接続法過去形 soyez venu のまま）

b)　条件法過去形の代わりに用いられることがある（文語のみで稀）．

Si j'étais parti cinq minutes plus tard, j'*eusse manqué* le train.
Le nez de Cléopâtre : s'il *eût été* plus court, toute la face du monde aurait changé.
（条件節で直説法大過去形の代わりに用いられる場合がある）

総合問題 (Bilan)

Leçon 1

1. 録音を聞き，（　　　）内に正しいフランス語を入れなさい. ◀) 107

   1) Vous êtes (　　　　　　　　) ?

     — Non, (　　　　　　　　　　) journaliste.

   2) Vous (　　　　　　　　　) ?

     — Non, je parle (　　　　　　　).

2. 次の動詞を活用させて（　　）内に入れなさい.

   1) être : Nous (　　　　　　　) touristes.

   2) travailler : Vous (　　　　　　　) à Tokyo ?

   3) parler : Nous (　　　　　　　) japonais.

   4) habiter : Ils (　　　　　) à Paris.

   5) danser : Tu (　　　　　) ? — Oui, je (　　　　　　　).

3. 日本語に訳しなさい. ◀) 108

   Bonjour ! Je suis Leonardo. Je suis italien. J'habite à Milan, mais je suis de Rome. Je suis serveur. Je chante aussi. J'aime Pavarotti* !　　*Pavarotti = イタリアのオペラ歌手

◇単語（イタリックの部分）を入れ換えて口頭練習をしましょう.

自己紹介 :

Je suis *Marie Yamada*. / Je suis *Mademoiselle Yamada*. Je suis *française*. Je suis *étudiante*. Je suis de *Marseille*. J'habite à *Paris*.

入国カードなどに記入するとき :

Nom :	Yamada	Profession :	étudiante
Prénom :	Marie	Ville :	Paris
Nationalité :	française	Origine :	Marseille

Leçon 2

1. 録音を聞き，（　　　）内に正しいフランス語を入れなさい. ◀) 109

   1) (　　　　　　　　　　) les chiens ? — Oui, (　　　　　　　　　) les chiens.

   2) Qu'est-ce que c'est ? — C'est (　　　　　　　　) français.

2. 次の動詞を活用させて（　　）内に入れなさい.

   1) Avoir : Il (　　　　　) un téléphone portable.

   2) Aimer : J'(　　　　　) le rock.

   3) Marcher : Nous (　　　　　) ensemble. / Ça (　　　　　) ? — Oui, ça (　　　　　).

   4) Arriver : J'(　　　　　) !

5) Passer : Le temps (　　　　　).

6) Penser : Je (　　　　) à Paris.

7) Jouer : Les enfants (　　　　　) dans le jardin.

3. 文意に従い, （　　）内に適切な冠詞を入れなさい.

1) Voici (　　　　　) voiture. C'est (　　　　　　) voiture de François.

2) Voilà (　　　　　) ordinateur. C'est (　　　　　) ordinateur d'Akiko.

3) Voilà (　　　　　) enfants. Ce sont (　　　　　) enfants de Pascal.

4. 日本語に訳しなさい. 🔊 110

　　Les Français aiment le cinéma, le football, le vin et le fromage. Ils adorent la discussion. Ils dansent souvent. Ils ont des chiens et des chats. Mais ils aiment aussi les escargots, les grenouilles et le lapin : miam miam !

◇単語（イタリックの部分）を入れ換えて口頭練習をしましょう.

好きなものについて :

J'adore *la danse*. / J'aime *le football*.　(Je déteste *la pluie*.)

名詞の代わりに動詞の不定詞を入れることもできます（J'aime danser, J'aime chanter など）.

Leçon 3

1. 録音を聞き, （　　）内に正しいフランス語を入れなさい. 🔊 111

1) (　　　　　　　　) seul à Tokyo ? — Non, (　　　　) avec (　　　　　　).

2. （　　）内に適切な所有形容詞を入れなさい.

1) Ce sont des bagages.　⇨　Ce sont (　　　　　) bagages.　(私の)

2) La chambre de mes enfants est petite.　⇨　(　　　　) chambre est petite.

3) Voici l'oncle de Junko.　⇨　Voici (　　　　) oncle.

3. Est-ce que と倒置形を用いた疑問文にしなさい.

1) Vous parlez français.

2) Tu cherches quelque chose.

3) Il a un problème.

4. 名詞の前か後ろに（　　）内の形容詞を適切な形にしてつけなさい.

1) une époque (beau)	5) une question (sérieux)	9) une vie (court)
2) la semaine (dernier)	6) une boisson (frais)	10) une histoire (long)
3) une femme (actif)	7) une dame (vieux)	
4) un film (nouveau)	8) le chat (noir)	

5. 日本語に訳しなさい. 🔊 112

　　Le camembert est un fromage français. Il vient de Normandie. Vous aimez le fromage ? La pizza est un plat italien. Le couscous* vient d'Afrique. Tout le monde aime le couscous.

Juliette est mon amie : nous sommes amoureux. Nous habitons ensemble dans un petit appartement. Nous aimons la fête. Nous avons beaucoup d'amis. Alain, c'est un ami. Élodie, c'est une amie.

*couscous = フランスでポピュラーな北アフリカの料理

◇単語（イタリックの部分）を入れ換えて口頭練習をしましょう.

人を紹介する:

Vincent, voici *Estelle*. C'est *une amie*. Elle est *canadienne*. Elle est *violoniste*. Elle vient de *Montréal*. (— Enchanté !).

人に聞く:

Vous êtes *Yuji Satô* ? Votre nom (prénom), s'il vous plaît ? Vous êtes *japonais* ? Vous parlez *anglais* ? Vous êtes *marié* ? Vous êtes *étudiant* ? Vous travaillez ? Vous habitez à *Tokyo* ? Vous venez de *Kyoto* ? C'est une grande ville ? Vous avez des frères et des sœurs ? (C'est *une petite sœur* ou *une grande sœur* ?). Vous avez *un animal* ? Vous habitez avec votre famille ? Vous habitez dans une maison ou dans un appartement ? Vous avez *un jardin* ? C'est *un grand appartement* ? Vous aimez *le sport* ? Vous aimez *la musique* ? Vous aimez *la viande* ? Vous aimez *Tokyo* ? Vous aimez *les chiens* ?

Leçon 4

1. 録音を聞き, (　　) 内に正しいフランス語を入れなさい. 🔊 113

   1) Qu'est-ce que tu (　　　　　　　) ? — (　　　　　　　　　) avec mes amis.
   2) (　　　　) vas-tu ? — À (　　　　　).

2. それぞれ近接未来と近接過去の両方で書き換えなさい.

   1) Un taxi passe. 　　　　　　　　　　2) Je fais mes courses.

3. (　　) 内に次の中から適切なものを入れなさい : au, à l', à la, du, de l', de la.

   1) Elle est (　　　　　) hôtel maintenant.
   2) Nous restons (　　　　　) Japon cet été.
   3) Ma maison est à côté (　　　　　) parc.
   4) Cet après-midi, je joue (　　　　　) tennis et elle joue (　　　　　) piano.
   5) Je mange un gâteau (　　　　　) chocolat / un pain (　　　　　) raisins.
   6) Mon père revient (　　　　　) montagne.

4. (　　) 内に適切な人称代名詞の強勢形を入れなさい (2 と 3 は [　　] 内の言葉を代名詞に).

   1) (　　　　　), je déteste ces publicités.
   2) Elle rentre chez (　　　　　). [ses parents]
   3) C'est (　　　　　). [ma tante]

5. 日本語に訳しなさい. 🔊 114

   Qu'est-ce que vous faites le week-end ? Le samedi, les Français aiment être avec leurs amis. Avec eux, ils vont au théâtre, au cinéma, au restaurant.

Le dimanche, ils vont voir leur famille : leurs parents, leurs frères, leurs sœurs, leurs cousins... À midi, on fait un bon repas.

Un bébé vient de naître ? On fête sa naissance. Chaque année, on va fêter son anniversaire. Avec la famille et les amis. C'est beau, la vie !

◇単語（イタリックの部分）を入れ換えて口頭練習をしましょう.

スケジュール（習慣，予定）について話す：

Qu'est-ce que vous faites *le lundi* ？　（le がついたら毎週）

Qu'est-ce que vous allez faire *ce soir / demain / pendant les prochaines vacances / ce week-end / l'année prochaine / dans dix ans* ? (— Je vais *habiter en France*...)

(Venir de) Vous *travaillez votre français* ? (— Oui je viens de *faire mes devoirs*...)

好きなものについて述べる：一番好きなもの：

J'adore *la tempura*. C'est mon plat préféré. (— Moi aussi / — Moi, *mon plat préféré*, c'est...) / J'adore *Kylian Mbappé*. C'est mon joueur de football préféré. / J'adore *Amélie*. C'est mon film préféré. / J'adore *le tennis*. C'est mon sport préféré. / J'adore *Shinjuku*. C'est mon quartier préféré. / J'adore *Stromae* (*Zaz*). C'est mon chanteur (ma chanteuse) préféré(e). / J'adore *Pierre Niney* (*Marion Cotillard*). C'est mon acteur (actrice) préféré(e).

Leçon 5

1. 録音を聞き，（　　）内に正しいフランス語を入れなさい. 🔊 115

1) C'est (　　　　　　　　), ce sac ? — C'est (　　　　　　　　) euros.

2) Mon père (　　　　　　　　) demain. Il (　　　　　　　) avec nous.

2. 次の文を否定文にしなさい.

1) Nous avons un chat.　　　　　　3) Je suis fatigué.

2) Il y a des œufs dans le frigo.　　4) J'aime beaucoup la bière.

3. 日本語に訳しなさい. 🔊 116

a) En France maintenant, il n'y a pas de roi : c'est une république. Le 14 juillet est un jour férié. C'est l'anniversaire de la Révolution. Pour les Français, c'est aussi le jour des feux d'artifice. On passe un bon moment. Mais on ne met pas de *yukata* : dommage !

b) Trop de jeunes boivent et fument. Beaucoup de jeunes filles ne mangent pas assez. Moi je bois un peu de vin, je ne fume pas, et je mange beaucoup de bonnes choses. Ce n'est pas toujours facile, mais c'est ma vie. Je suis heureuse comme ça. Et vous ?

◇表現（イタリックの部分）を入れ換えて口頭練習をしましょう.

買い物をする：

カフェ，レストランで：Garçon (/ Monsieur / Madame / Mademoiselle), un café (/ l'addition / le menu) s'il vous plaît !

ブティックで：Je cherche *une robe rouge*. / C'est combien s'il vous plaît ? / C'est cher ! / Je vais acheter *cette robe*. / Je vais réfléchir. / Merci, au revoir.

Leçon 6

1. 録音を聞き，（ ）内に正しいフランス語を入れなさい． 🔊 117

   1) ( ) à Okinawa ? — Il fait ( ).
   2) ( ) ? — Il est ( ).
   3) Qu'est-ce que ( ) demain ? — ( ) un film.

2. 次の動詞を適当に活用させなさい．

   1) On (pouvoir) voir une vidéo demain.
   2) Ils (vouloir) partir avant 20 heures.
   3) Il ne (prendre) pas de sucre dans son café, tu (voir).
   4) Elle (finir) de manger et elle part.
   5) La ville de Tokyo (grandir) encore.
   6) On (sortir) demain soir.

3. 次の文を命令形にしなさい．

   1) Vous réfléchissez bien avant d'acheter un vêtement cher.
   2) Vous finissez vite ce travail.
   3) Tu écoutes tes parents.
   4) Tu dors bien.
   5) Nous faisons une pause.

4. 次の問いに答えなさい．

   1) Quels sont vos plats favoris ? (*le riz au curry, le poulet frit, le porc pané, la soupe aux nouilles...*)
   2) Quels sont les animaux typiques d'Hokkaïdo ? (*le renard, l'ours, le phoque, la grue, la chouette...*)

5. 日本語に訳しなさい． 🔊 118

   Quelle est votre saison préférée ? Pour beaucoup de Français, c'est l'été : la saison des soldes et des vacances. Les soldes d'été commencent à la fin du mois de juin et finissent au début du mois d'août. Avec les soldes tout le monde peut être à la mode. Vous aussi, venez et profitez !

   Après les soldes, c'est la saison des vacances. Les salariés français prennent cinq semaines de vacances par an. L'été, la majorité des Français partent pendant deux ou trois semaines. On va à la mer, à la campagne ou à la montagne. En vacances, on est heureux. C'est un moment important de la vie.

◇単語(イタリックの部分)を入れ換えて口頭練習をしましょう.

命令する:

Appelez *un médecin* (*la police*) s'il vous plaît ! / Au secours ! Venez vite ! *Il y a un accident.*

〜しないように頼む,禁止する:

Ne *fumez* pas ici s'il vous plaît. Ne *faites* pas ça ! Ne *bouge* pas. Ne *viens* pas ce soir.

許可を求める:

Est-ce que je peux *partir* ? / *téléphoner* ? / *sortir* ? / *manger* ? / *parler à Nathalie* ? / ...

— Oui, pas de problème. / Oui, vous pouvez.

— Non, ne *sortez* pas s'il vous plaît.

時間をたずねる:

Quelle heure est-il ? — *Huit heures moins le quart.*

Ton anniversaire, c'est quand ? / c'est quel jour ? — C'est le *3 mars.*

Leçon 7

1. 録音を聞き,( )内に正しいフランス語を入れなさい. 🔊 119

   1) Qu'est-ce que vous avez fait hier ?

     — ( ) à Shinjuku. ( ) des vêtements dans un grand magasin.

   2) Avez-vous ( ) hier ( ) ? — Non, ( ).

2. 次の動詞を複合過去形にして( )内に入れなさい.

   1) Elle (choisir) une jolie jupe ! — Tu (voir) le prix ? C'est cher !

   2) Vous (finir) ? — Oui, j' (finir).

   3) Nous (partir) ce matin. Nous (faire) un agréable voyage en train.

   4) Elles (aller) à Paris ensemble il y a un an.

   5) Elle (avoir) 20 ans la semaine dernière.

   6) On (appeler*) un taxi : on (attendre*) le bus trop longtemps.

   7) Il (dire*) des bêtises.

   8) Elle (devenir) très riche, mais elle (mourir) l'an dernier.

   9) J' (essayer*) de finir ce travail avant midi, mais je (ne pas pouvoir).

   10) J' (recevoir*) un e-mail d'un ancien ami.   *動詞の活用は p.116-117 参照.

3. 日本語に訳しなさい. 🔊 120

   a) Les Européens ont fait beaucoup de guerres. Puis ils ont fait l'Union Européenne. En 2002, l'euro est arrivé dans la vie des gens. En 2004, dix nouveaux pays sont entrés dans l'Union. En 2016, l'Angleterre a décidé de partir. L'Union Européenne veut la paix en Europe et dans le monde.

   b) Aujourd'hui dans le monde, beaucoup d'enfants n'ont pas de nourriture, pas de médecins, pas d'écoles. Le résultat, c'est souvent la violence et la guerre. Des pays et des organisations internationales comme l'ONU[1] et l'UNESCO[2] aident ces enfants. Il y a aussi de nombreuses ONG[3], comme Médecins Sans Frontières[4]... Et vous aussi, si vous voulez !

[1] ONU = Organisation des Nations Unies（国連）　[2] UNESCO = United Nations Educational, Scientific and Cultural Organization（ユネスコ）　[3] ONG = Organisation Non-Gouvernementale（NGO, 非政府組織）

[4] Médecins Sans Frontières（MSF, 国境なき医師団）

◇表現（イタリックの部分）を入れ換えて口頭練習をしましょう.

経験についてたずねる :

Tu es déjà *allé en France* ? Tu as déjà *mangé des escargots* ? Tu as déjà *vu un Français beau* ? Tu as déjà *entendu la Marseillaise* ? Tu es déjà *allé dans un grand restaurant* ? Tu as déjà *vu un ours* ? Tu as déjà *parlé français avec un Français* ? Tu as déjà *voyagé à l'étranger* ? Tu as déjà *travaillé dans un supermarché* ?

— Non. / Non, jamais. / Non, pas encore.

— Oui. / Oui, une fois (deux ou trois fois). / Oui, souvent.

Leçon 8

1. 録音を聞き，（　　）内に正しいフランス語を入れなさい. 🔊 121

   1) (   ) ce livre ? — Non, (   ).
   2) Vous téléphonez souvent à (   ) ? — Oui, (   ) très souvent.

2. （　　）内に適切な補語人称代名詞を入れて対話を完成させなさい.

   1) Je vous invite ce soir. — Vous (   ) invitez ? C'est gentil.
   2) Je n'aime pas cette émission. — Tu ne (   ) aimes pas ? Pourquoi ?
   3) Tu vas acheter ces disques ? — Oui, je vais (   ) acheter.
   4) Je te montre les photos de mon voyage ? — Oui, montre-les-(   ).
   5) N'oubliez pas le rendez-vous de lundi prochain. — Je ne (   ) oublie pas.
   6) Je ressemble à mon père ? — Oui. Tu (   ) ressembles beaucoup.
   7) Envoyez*-vous souvent vos photos à vos amis par e-mail ?

      — Oui, je (   ) envoie souvent à mes amis.

      ＊ envoyer = 活用は p.116 参照.　人称代名詞が 2 つ並ぶ場合は p.79 参照.

3. 日本語に訳しなさい. 🔊 122

   Vivre avec les Français, ce n'est pas toujours facile. Ils disent souvent «non» et «parce que». Même dans la conversation, ils veulent toujours avoir raison... Et vous, vous les comprenez ?

   Pour être heureux en France : avoir le sens de l'humour; aimer rire, parler, bien boire et bien manger; aimer passer du temps avec ses amis et avec sa famille; respecter le travail... et respecter les vacances aussi.

   Les symboles de la France : vous les connaissez ? Non, ce ne sont pas Mbappé et Jean Réno ! Les symboles de la France, ce sont le drapeau (bleu, blanc, rouge), la Marseillaise, et bien sûr la devise de la France : «liberté, égalité, fraternité» (apprenez-la !).

◇表現（イタリックの部分）を入れ換えて口頭練習をしましょう.

恋愛の話（好きな人について話す，告白する...）：

Quel est votre partenaire idéal ?

— J'aime les *garçons* (les *filles*) *grand(e)s* / *gentil(le)s* / *fort(e)s* / *méchant(e)s* / *musclé(e)s* / *drôles* / *intelligent(e)s* / *riches* / *jolies* / *sexy* / *blond(e)s* / *brun(e)s* / *roux* (*rousses*) / *bêtes* / *courageux* (*courageuses*) / *timides* ...

Tu as de beaux yeux. / On danse ? / On va ailleurs ? / ... Je t'aime. Tu m'aimes ?

— Moi aussi, je t'aime. Embrasse-moi.

— Désolé(e), je t'aime bien mais ... soyons amis ! / Désolé(e), j'ai déjà un(e) petit(e) ami(e). / Désolé(e), je n'aime pas *les garçons* (*les filles*). / Désolé(e), je n'aime pas *danser*.

理由を述べる：

Pourquoi *parles-tu le japonais* ？ — **Parce que** *j'ai habité au Japon*.

Leçon 9

1. 録音を聞き，（　　　）内に正しいフランス語を入れなさい. ◄)) 123

   1) (　　　　　　　　　　) à quelle heure d'habitude ? — À (　　　　　　　　) heures.
   2) (　　　　　　　　　　) à quelle heure le matin ? — À (　　　　　　　　　　).
   3) Vous avez (　　　　　　　　) ? — Oui, j'en ai (　　　　　　　).

2. （　　　）内の代名動詞を適宜活用させなさい.

   1) Elle ne (s'entendre[1]) pas bien avec son copain.
   2) Je vais bien (s'habiller) ce soir.
   3) Elle (se lever) à 7 heures ce matin. Elle (se coucher) tard hier soir. （複合過去形で）
   4) Il ne (se brosser) pas les dents tous les jours[2].
   5) On (se téléphoner) demain[3].
   6) Je (s'inquiéter[4]) de mon avenir.
   7) Vous (s'amuser) bien ? — Non, on (s'ennuyer[5]).

   > [1] entendre = 活用は attendre と同じ.　[2] 補遺 p.80 の用法 1) 参照.　[3] 補遺 p.80 の用法 3) 参照.
   > [4] 活用は p.117 の préférer 参照.　[5] 活用は p.116 の envoyer 参照.

3. 次の代名動詞を（　　　）内の人称に対する命令形にしなさい.

   1) se lever (nous)　　　　　3) s'énerver (tu, 否定形で)　　　　5) s'amuser (tu)
   2) se calmer (vous)　　　　4) se rapprocher (vous)　　　　　6) se servir (vous)

4. 次の文の下線部を中性代名詞 en を使って書き換えなさい.

   1) Il est fier de sa nouvelle guitare.　　　3) J'ai pris du vin rouge.
   2) Elle a plusieurs sacs Louis Vuitton.

5. 中性代名詞 en を使って次の問いに答えなさい.

   1) Il parle souvent de ce film ? — Oui, (　　　　　　　　　) assez souvent.
   2) Y a-t-il des problèmes ? — Oui, (　　　　　　　　　) beaucoup.

6. 日本語に訳しなさい. 🔊 124

　　Les Français n'aiment pas vivre seuls. À 22 ans, environ 20% des jeunes vivent déjà en couple ! Pourtant, ils ne se marient pas. Le mariage n'est pas très à la mode en France. Et depuis quelques années, le mariage homosexuel existe enfin. Et vous, qu'est-ce que vous en pensez ?

　　Les Français aiment discuter sur la société. Ils parlent de l'éducation, du chômage, des impôts... Ils en parlent en famille, ils en parlent avec leurs amis, et ils en parlent même au café avec des inconnus.

　　Les Français ne boivent pas de vin à chaque repas. Ils en boivent pour les fêtes. Ils en achètent peu, mais le choisissent bien.

◇表現（イタリックの部分）を入れ換えて口頭練習をしましょう.

病院で（自分の健康状態について話すとき）:

J'ai toujours *soif* (*faim*). / J'ai mal *à la tête* (*au ventre*, *aux jambes*, *aux dents* ...). / Je suis toujours fatigué(e). / Je n'ai pas d'appétit. / Je ne peux pas *me lever*. / C'est grave ?

医者の指示:

Enlevez votre veste. / Asseyez-vous*. / Ouvrez la bouche. / Respirez profondément. / Allongez-vous. / Voici l'ordonnance. / Prenez ces médicaments. / Vous avez la sécurité sociale ?

*s'asseoir 活用表 p.116 参照.

Leçon 10

1. 録音を聞き, （　　）内に正しいフランス語を入れなさい. 🔊 125

　1) (　　　　　　　　　　　　　　　) se passe ?　— C'est un accident.

　2) Je (　　　　　　　　　　　) à mes parents.

2. （　　）内に適切な比較級の語を入れなさい.

　1) L'amour est (　　　　　) important (　　　　　) l'argent.

　2) L'anglais est (　　　　　) difficile (　　　　　) le français.

　3) La vie est (　　　　) chère à Tokyo (　　　　) à Saïtama.

　4) Mon professeur parle (　　　　　) le français que nous.

　5) Le repas est (　　　　) à la maison qu'au resto U.

3. （　　）内に適切な最上級の語を入れなさい.

　1) Ma copine est (　　　　　) élève de la classe, et moi, je suis (　　　　　) paresseux.

　2) Je me couche (　　　　) tard de ma famille.

4. （　　）内に適切な疑問代名詞を入れなさい.

　1) 何を: (　　　　　　　　　) vous désirez, Monsieur ?

　　　　— Un café au lait, s'il vous plaît.

　2) 誰が: (　　　　　　　　　) n'a pas fait ses devoirs ?　— ......

3) 何が：(　　　　　　　　　　) ne va pas ? ― J'ai mal au ventre.

4) 誰を：(　　　　　　　　　　) vous regardez comme ça ? ― Personne.

5) 誰が：(　　　　　　　　　　) chante là ? ― C'est Marc.

6) 何が：(　　　　　　　　　　) s'est passé ? ― Un accident de voiture.

7) 何を：(　　　　　　　　　　) vous faites comme études ? ― J'étudie l'histoire.

5. 次の文を y を使って書き換えなさい.

1) On habite toujours à Kyoto.

2) Elle ne veut pas aller chez son oncle.

3) Il ne répond* pas à mes messages.   *répondre = 活用は attendre と同じ (p.116).

6. 日本語に訳しなさい. 🔊 126

a) Il y a 11 jours fériés en France, il y a 13 jours fériés au Japon : les Japonais se reposent plus que les Français ?

Il y a 125 millions d'habitants au Japon, il y a 66 millions d'habitants en France : les gens sont moins nombreux en France qu'au Japon.

L'été japonais est plus humide que l'été français. L'hiver français est plus froid que l'hiver japonais.

Le Mont Blanc est plus élevé que le Mont Fuji.

Le riz japonais est le meilleur du monde. Le vin français est le meilleur du monde. Chaque pays a ses spécialités.

Le Shinkansen Nozomi va aussi vite que le TGV. Mais le train est plus cher au Japon qu'en France. Le métro de Tokyo est plus propre que le métro de Paris. Les Japonais dorment plus dans le métro que les Français.

Les femmes se maquillent plus au Japon qu'en France.

Les petits restaurants sont plus chers en France qu'au Japon. Alors les Français mangent moins souvent dehors que les Japonais.

b) Questions pour un(e) Français(e). Qu'est-ce que vous faites dans la vie ? Qu'est-ce que vous mangez le matin ? Qu'est-ce que vous regardez le soir à la télé ? Qu'est-ce que vous faites comme sport ? Qu'est-ce que vous aimez comme musique ? Qu'est-ce qui vous fait plaisir ? Qu'est-ce qui vous met en colère ? Qui est-ce que vous aimez le plus ? Qui est-ce qui habite avec vous ? Qui est-ce qui fait la vaisselle chez vous ? Et enfin, la plus importante : voulez-vous pacser* avec moi ?

  *pacser (動詞) = pacs を結ぶこと (Civilisation 7, p.39 参照)

◇表現 (イタリックの部分) を入れ換えて口頭練習をしましょう.

けんかする :

1) Je veux te parler. / Je peux te parler ?   2) Voilà : j'en ai assez ! / Ça suffit* ! / Ça ne peut pas continuer comme ça !   3) Pourquoi *tu es toujours en retard* ? / Tu ne *t'excuses* jamais. / *Tu n'es jamais là.* / *Tu rentres trop tard le soir.* / *Tu dois rester avec moi plus longtemps.* / ...

*動詞は suffire

1. （　　　）内に適切な関係代名詞を入れなさい．文の意味も考えなさい．

　　1) C'est un professeur (　　　　　　) n'est pas très gentil et (　　　　　　) n'a pas beaucoup
　　　　d'étudiants.

　　2) Tu feras* ce (　　　　) tu veux. Mais tu dois être responsable de ce (　　　　) tu fais.

　　3) " Le Garçon aux cheveux verts " est un vieux film (　　　　　) Jeanne a vu il y a
　　　　longtemps et (　　　　　) elle aime toujours beaucoup. Elle ne connaît plus le nom de
　　　　l'acteur (　　　　　) joue le rôle principal dans ce film, mais elle l'a beaucoup aimé.
　　　　Elle ira* revoir ce film (　　　　　) l'a beaucoup impressionnée.

　　　　　* それぞれ faire, aller の未来形．Leçon 12 参照．

2. 次の文を受動態に書き換えなさい．文の意味も考えなさい．

　　1) Mes collègues détestent ce directeur.　→　...

　　2) Miró a fait cette sculpture.　　　　　　→　...

　　3) La guerre a détruit tout le village.　　　→　...

3. 日本語に訳しなさい．🔊127

　　" Aider les autres " : c'est une chose que beaucoup de gens veulent faire. Pour réaliser
ce rêve, la meilleure façon est peut-être d'entrer dans une association. Une association
est un groupe de personnes bénévoles qui ont décidé de faire quelque chose ensemble.

　　Le fonctionnement de toutes les associations, défini par la loi, est démocratique. Les
responsables sont élus chaque année par les membres. Il y a de très nombreuses
associations en France : sportives, artistiques, culturelles...

　　Les associations les plus connues s'occupent des personnes " exclues ". Dans les
quartiers défavorisés, des associations aident le soir les enfants à faire leurs devoirs et à
apprendre leurs leçons. Et chaque été, une grande association offre une journée à la mer
à des enfants qui ne partent pas en vacances.

◇表現集．斜体の部分を入れ換えてみましょう．🔊128

手助けを求める

Excusez-moi, mais j'ai un petit problème : *mon ordinateur est bloqué. / j'ai oublié le code.*

Est-ce que vous pouvez m'aider ? *Je n'arrive pas à ouvrir la porte. / Mon sac est coincé.*

人を助ける

Il y a quelque chose qui ne va pas ? / Qu'est-ce qui ne va pas ?

— *Je ne comprends pas comment ça marche. / Je ne me sens pas bien.*

Je peux vous aider ? / Je peux faire quelque chose pour vous ?

— *Oui, j'ai besoin d'un renseignement. / Oui, je voudrais un coup de main.*

Leçon 12

1. （　　）内の動詞を直説法単純未来形に活用させなさい．文の意味も考えなさい．

1) Le magasin (fermer :　　　　　　　　　　) ses portes dans vingt minutes.

2) Tu ne (dire :　　　　　　　　) ça à personne.

3) On (se voir :　　　　　　　　) la semaine prochaine.

4) Ça (aller :　　　　　　　　) mieux demain.

5) Je t'(envoyer* :　　　　　　　　) un mail bientôt.

　　 — Je te (répondre :　　　　　　　　) vite.

6) Je ne sais pas si Sophie me (téléphoner :　　　　　　　　) ce soir.

　　 * この動詞の未来形の活用はやや例外的．

2. （　　）内に適切な関係代名詞を入れなさい（dont または où）．文の意味も考えなさい．

1) Le médicament (　　　　　　) j'ai besoin coûte très cher.

2) Il y a des jours (　　　　　　) je suis vraiment fatigué.

3) La façon (　　　　) elle parle m'énerve.　　☆ de façon ＋形容詞（…のやり方で）．

4) C'est la ville (　　　　) ma mère est née.

3. 日本語に訳しなさい．🔊 129

　　Après mes études, je veux devenir journaliste. C'est un métier dont je rêve depuis mon enfance. J'irai dans les pays lointains faire des reportages sur les peuples que nous ne connaissons pas bien. J'irai dans les régions où la liberté est menacée, et je donnerai la parole aux gens dont la voix n'est pas entendue. J'interrogerai les victimes des catastrophes, des séismes, des famines... J'expliquerai leur situation au monde entier.

　　Je sais que le métier de journaliste est difficile et parfois dangereux. Mais sans journalistes actifs et indépendants, il n'y a pas de démocratie possible. Je rêve d'un monde sans guerre, sans misère et sans terrorisme.

◇表現集．斜体の部分を入れ換えてみましょう．🔊 130

自分の計画について話す / 聞く

Quels sont vos projets *pour l'année prochaine / pour les vacances* ?

— Je veux / Je compte / Je pense / J'espère ＋動詞の不定詞．

Exemple :

Quels sont vos projets pour l'année prochaine ?　— Je compte *aller étudier en France*.

Quels sont vos projets pour les prochaines vacances ?　— Je ne prendrai pas de vacances : je compte *travailler pour gagner un peu d'argent*.

Qu'est-ce que vous comptez faire après l'université ?　— Je compte *faire le tour du monde / avoir des enfants / me marier / ouvrir un restaurant / trouver du travail*.

Qu'est-ce que vous voulez faire *dans la vie / plus tard* ?　— Je veux *être journaliste*.

Leçon 13

1. ( )内の動詞を直説法複合過去形，半過去形，大過去形に適宜活用させて入れなさい．文の意味も考えなさい．

1) Quand j'(être :) jeune, je (vouloir :) devenir célèbre.

2) Qu'est-ce que vous (faire :) comme " petit boulot* " quand vous (être :) étudiant ?　*アルバイト.

　　— Je (livrer :) des pizzas.

3) Je (parler :) bien le français avant parce que je (voir :) souvent mes amis français.　Mais comme ils (rentrer :) en France, je n'ai plus d'occasion de le pratiquer.

4) Elle (avoir :) un bon niveau de français quand elle (arriver :) en France, parce qu'elle (apprendre :) le français au Japon.

5) J'(manger :) du poisson-globe* hier.　*フグ.

　　— Tu (déjà goûter :) à ça ?

　　☆副詞 déjà の位置を考えて入れること.

2. 非人称構文に書き換えなさい．文の意味も考えなさい．

1) Vingt minutes me restent encore.　（Il me reste... の形で）

　→ ....

2) Le français est difficile à comprendre.　（Il est difficile de... の形で）

　→ ....

3) J'ai encore besoin de dix euros.　（Il me manque... の形で：動詞は manquer）

　→ ....

3. 日本語に訳しなさい.　🔊131

La vie parisienne d'un Japonais

Le dernier studio où j'habitais à Paris se trouvait dans le nord du 17ᵉ arrondissement.

C'était juste à côté d'une voie de chemin de fer qui n'était plus utilisée.　Quand j'ouvrais ma fenêtre, je pouvais voir un grand graffiti, que l'on appelle " tag ".　Comme le studio était au rez-de-chaussée, le matin j'étais réveillé par le bruit des voitures.　C'est vrai que c'était un peu gênant.

Je prenais le bus ou le métro pour aller au centre-ville.　J'allais souvent au cinéma ou aux expositions et aux concerts parisiens, qui sont très bien et ne sont pas très chers.

Pour un Japonais qui habite en France, un des grands problèmes est la nourriture.　Il faut s'habituer à une cuisine lourde, avec souvent de la viande, de la sauce au beurre et du fromage.　C'est délicieux, mais ce n'est pas pour tous les jours.

Deux fois par semaine, j'allais donc au marché près de chez moi et j'achetais du poisson.　Les marchés sont sympathiques (et encore plus en province).　On peut y trouver des produits frais, venus directement de la campagne. C'est une chose qu'on ne voit malheureusement plus au Japon aujourd'hui. À Paris enfin, il n'est pas très difficile de trouver des produits japonais, mais ils sont un peu chers si on ne va pas dans le quartier chinois.

Quand habiterai-je de nouveau en France ?

Et vous, voulez-vous habiter en France ? À Paris ?

◇表現集. 斜体の部分を入れ換えてみましょう. ●132

思い出について聞く / 言う

Où habitais-tu / Comment étais-tu quand tu étais petit(e) ?

Quand tu étais *au collège / au lycée*, qu'est-ce que tu faisais pendant les vacances ?

Tu te souviens de *ton enfance / ton premier voyage* ? C'était comment ?

Quel est ton meilleur souvenir *de vacances / d'enfance* ? */ de Noël* ?

Exemple : " Quand j'avais 10 ans, en vacances, j'allais toujours chez ma grand-mère. Elle habitait une vieille maison dans une petite ville à la campagne. Elle m'offrait toujours de petits cadeaux. Dans le jardin, il y avait des kakis et des néfliers* ".

* un kaki : 柿の木(柿 : un kaki) ; un néflier : ビワの木(ビワ : une nèfle).

Leçon 14

1. ジェロンディフを入れなさい. 文の意味も考えなさい.

   1) (aller :   ) tout droit, vous arriverez à une grande place.

   2) J'écouterai ce disque (penser :   ) à toi.

   3) (prendre :   ) cette rue, vous arriverez plus vite.

2. 現在分詞を入れなさい. 文の意味も考えなさい.

   1) Ne (se sentir :   ) pas très bien, elle s'est couchée tôt.

   2) (savoir :   ) bien qu'il est malade, je lui ai demandé de venir.

   3) (avoir fini :   ) de manger, il a commencé à dormir.

3. 問いの下線部を適当な中性代名詞に変えて，答えの文を作りなさい. 文の意味も考えなさい.

   1) Tu sais qu'il partira demain ?   →   Oui, je ....

   2) Ce film est intéressant ?   →   Non, il ....

4. 日本語に訳しなさい. ●133

   Une promenade à Paris

   Quand on commence à se promener dans la ville de Paris, c'est sans fin. Paris, comme les autres capitales européennes, n'est pas aussi grande qu'on imagine, mais elle est comme une jungle dont on doit explorer tous les coins.

   C'est agréable de se promener au centre de Paris. Près du quartier de l'Opéra, on trouve le Palais Royal, jardin idéal pour une petite promenade et une pause-café. Il y a d'ailleurs beaucoup de restaurants japonais qui ne vous dépayseront* pas. Il reste encore quelques " passages " parisiens entre l'Opéra et la Bourse, arcades et petits magasins sympathiques qui conservent l'ambiance du XIXᵉ siècle. En me promenant dans ce quartier, je crois que j'ai trouvé un petit panneau indiquant : " Mozart a habité dans cet immeuble ". Il y a plus de deux cents ans ! C'est une ville où sont mélangés l'ancien et le moderne**. En effet, en allant vers le nord-est à pied, on arrive à la Porte Saint-Denis qui ressemble à un porche antique. Le quartier est un peu moins propre, mais on découvre encore des passages où se trouvent de bons petits restaurants indiens. Oui, Paris est un ensemble de quartiers très différents. Chaque quartier a son propre visage.

* 動詞は dépayser.　　　** 主部（l'ancien et le moderne）と述部（sont mélangés）の倒置.

◇表現集. 斜体の部分を入れ換えてみましょう.　🔊 134

意見を聞く / 言う

Que pensez-vous de *l'énergie nucléaire / de l'influence des "youtubeurs"* ?

— Je suis (tout à fait) pour. / Je suis (tout à fait) contre.

— Je pense que c'est bien. / Je pense que ce n'est pas bien.

— Je suis d'accord. / Je ne suis pas du tout d'accord.

— Il y a de bons côtés et de mauvais côtés.

Pourquoi ?　— Parce que...

Pour vous, *la hausse de la TVA**, c'est une bonne chose ?　　　* TVA：消費税（付加価値税）

— Oui, parce que... / Non, je ne le pense pas. Parce que...

Leçon 15

1. 次の文の主節を条件法現在形にして全体を書き換えなさい. 文の意味も考えなさい.

   1) Si j'(avoir :　　　　　) assez d'argent, j'(acheter :　　　　　) une grande maison.

   2) S'il n'(être :　　　　　) pas aussi têtu, je l'(aimer :　　　　　) bien.

   3) Si j'(être :　　　　　) vous, je (faire :　　　　　) de mon mieux.

2. 次の文の主節を条件法過去形にして全体を書き換えなさい（条件法過去形については補遺（Annexe）p.82 参照）. 文の意味も考えなさい.

   1) Si j'(travailler :　　　　　) alors, je (ne pas rater :　　　　　) l'examen.

   2) Si on (faire :　　　　　) attention, on (ne pas avoir :　　　　　) ce genre de problème.

3. 日本語に訳しなさい.　🔊 135

   La pandémie

   La pandémie de coronavirus qui a commencé en 2019 a perturbé et perturbe encore le monde entier. Quelle en était la cause ? C'est sans doute la destruction de la nature. Des gens sont entrés en contact avec des animaux portant ce virus terrible.

   Ils ont ainsi été infectés sans le savoir et la maladie s'est répandue très vite dans le monde entier. Cette pandémie a aggravé les divisions sociales et les discriminations.

Comme on devait rester chez soi tout le temps, on était obligé de communiquer par Internet. Mais il fallait faire attention aux fausses informations et aux messages de haine qui circulaient sur les réseaux sociaux*. On a compris qu'Internet n'est pas un moyen de communication suffisant. Les gens ont besoin de se rencontrer vraiment et de se parler directement.

Y a-t-il eu un retour à la vie normale ? Est-ce que tout est comme avant ?

* Social Networking Service のこと.

味についての表現など 🔊 136

Mmm ! ça a l'air* bon !　　* avoir l'air... ＝ …の様子である

Alors, tu aimes ça ? C'est bon ?

— Excellent ! Un délice ! / Un régal ! / Je n'ai jamais mangé une omelette aussi bonne !

— C'est la première fois que j'en mange, et je trouve ça très bon !

Vous en reprendrez ? / Encore un peu ?　— Non merci, c'est très bon mais je n'ai plus faim.

発音に注意！ 🔊 137

日本人にとってフランス語の発音が難しいのは言うまでもありませんが，特に食べ物については発音に注意しないとわかってもらえません…

1) 母音の [u] と [ø]：" couscous " を「クスクス (ksks)」と発音しないように．「クゥス」と言う感じで口を丸めて [u] を強く発音すること.
   " Pot-au-feu " を「ポトフ (potof)」と発音せず，語尾の [ø]（エとオの中間の音）をきちんと発音して下さい.

2) 子音の V と B：" **b**oire（飲む）" と " **v**oir（見る）"，" **v**in（ワイン）" と " **b**ain（風呂）" をきちんと区別してください．そうでないと，" boire un verre de bain（風呂を一杯飲む）" ことになってしまいます…

3) 発音ではありませんが，" pain（パン）" について一言．フランス語の " pain " と日本語の「パン」は同じものではありません．フランス人が " pain " と言ったらフランスパン*のことしか指していません．例えば日本人がイメージする食パンのことは " pain de mie " と言います（焼いた食パンは " un toast "）．朝食やおやつで食べる甘い「パン」は " une brioche " です.
   * フランスパン ＝ あの長くて皮のかたいパンのことです．代表的なものを " une baguette " と言います.

Leçon 16

1.（　　）内の動詞を接続法現在形に活用させて入れなさい．文の意味も考えなさい.

1) Je ne crois pas qu'il me (mentir :　　　　　　　　　).
2) Il vaut* mieux qu'on (partir :　　　　　　) tout de suite.　　* 動詞は valoir.
3) C'est le seul ami qui (avoir :　　　　　　) une voiture.
4) Venez vite pour qu'on (pouvoir :　　　　　　　) finir à l'heure.
5) Quoiqu'il (faire :　　　　　　), il ne pourra pas sortir de cette situation.

2.（　　）内の動詞を接続法過去形に活用させて入れなさい（接続法過去形については補遺（Annexe）p.83 参照）．文の意味も考えなさい.

1) Je suis désolé qu'on (tarder :　　　　　　　　　).
2) Je ne pense pas qu'ils m'(comprendre :　　　　　　　　　　).

3. 日本語に訳しなさい. 🔊 138

Message 1   De : Marine   marine-87@yahoo.fr   3/3/2023 à 21h11
Alain,

Je voulais t'écrire plus tôt. Depuis quelque temps, j'ai l'impression que notre relation ne va plus. Alain, il faut que je te dise, ma décision est prise : j'ai décidé de te quitter. Puisses-tu* accepter toi aussi cette réalité. Je te souhaite bonne chance.
Marine.   * puisses = pouvoir の接続法現在形. 倒置で願望を表す.
PS : STP n'essaie pas de me revoir ni de m'appeler : je ne répondrai pas.

Message 2   De : Alain   alain-84@yahoo.fr   4/3/2023 à 18h08
Cher Georges, Marine m'a plaqué hier ! Est-ce que tu aurais un peu de temps ? J'aimerais qu'on se voie. Je ne vais pas très bien... A + Alain.

Message 3   De : Clotilde   mademoiselleclo@voila.fr   4/3/2023 à 22h12
Georges, je t'écris pour te dire que je regrette ce que je t'ai dit hier. Enfin, non, je ne regrette pas. Mais je te pardonne. Alors je suis d'accord pour qu'on se revoie. Appelle-moi demain. Je t'aime. Clotilde.

Message 4   De : Georges   georgio-bellum@laposte.fr   5/3/2023 à 00h45
Marine, ce mail pour te dire que je n'irai pas te rejoindre ce soir. Je ne pense pas que notre histoire puisse être solide. Il vaut mieux qu'on ne se revoie pas pendant quelques temps, mais restons amis, si tu le veux bien. Je t'aiderai encore à réparer ton ordinateur quand il sera en panne, c'est promis ! Bisous, Georges.

Message 5   De : Administration   administration@yahoo.fr   5/3/2023 à 03h35
Message d'erreur : marine-87@yahoo.fr = destinataire inconnu
Copie : Très, très chère Marine, pardonne-moi de t'écrire. Mais il faut que je sache. Quelqu'un m'a dit que tu m'aimes encore. Est-ce vrai ? Pourvu que tu lises ce message ! Sans toi mon cœur ne bat plus. Je t'aime ! Je t'aime ! Je t'aime ! Alain.

🔊 139

自分に近い人を表す表現

mon petit ami (ma petite amie), mon ami(e)   私の彼女，彼
mon compagnon (ma compagne) / mon mari, ma femme   私の伴侶 / 私の夫，妻
" mon ex "   前の彼 / 彼女，夫 / 妻

その関係についてよく使う動詞

se marier, se pacser*, vivre avec, se disputer, se séparer, se quitter, se réconcilier
* " pacs " を結ぶ (p.39 参照)

それ以外で人を評価するとき

C'est quelqu'un de bien / Il est nul (Elle est nulle).   いい人です / ダメな人です

Tome 1（1課〜10課）の復習用練習問題（Exercices de révision）

Leçons 1-2

1. 動詞 être を直説法現在形に活用させて（　　）内に入れなさい．文の意味も考えなさい．

    1) Le chien de François (　　　　　　　　) sage.
    2) (　　　　　　　　)-vous content ? ── Non je (　　　　　　　　) triste.
    3) Les jeunes d'aujourd'hui (　　　　　　　　) réalistes.

2. 動詞 avoir を直説法現在形に活用させて（　　）内に入れなさい．文の意味も考えなさい．

    1) Nous (　　　　　　　) un peu d'argent.
    2) (　　　　　　)-tu faim ? ── Non j'(　　　　　　　　) soif plutôt.
    3) On (　　　　　　) une bonne idée.
    4) (　　　　　　　)-vous peur de votre professeur ?

3. （　　）内の動詞を直説法現在形に活用させなさい．文の意味も考えなさい．

    1) (parler :　　　　　　　　)-vous anglais ? ── Oui, un petit peu.
    2) Ils (écouter :　　　　　　) de la musique et (danser :　　　　　　) tout le temps.
    3) Nous (chercher :　　　　　　) une pharmacie.
       ── Vous (marcher :　　　　　　) encore un peu, tout droit.
    4) Tu (penser :　　　　　　) trop.
    5) Les Français (aimer :　　　　　　) discuter.
    6) Nous (commencer :　　　　　　) à travailler à neuf heures du matin.
    7) J'(habiter :　　　　　　) à Chiba.
    8) Elles (étudier :　　　　　　) le coréen.
    9) Le professeur (arriver :　　　　　　) bientôt.

Leçons 3-4

1. （　　）内の動詞を直説法現在形に活用させなさい．文の意味も考えなさい．

    1) Elle (aller :　　　　　　) à l'hôpital ce matin.
    2) Vous (aller :　　　　　　) bien ? ── Oui très bien, merci.
    3) Je (aller :　　　　　　) terminer mon rapport bientôt.
    4) Je (venir :　　　　　　) de Marseille. Et vous, vous (venir :　　　　　　) d'où ?
    5) Nous (venir :　　　　　　) de finir le déjeuner.
    6) Qu'est-ce qu'ils (faire :　　　　　　), tes parents ?
    7) Qu'est-ce qu'il (dire :　　　　　　) ?

2. 次の文を倒置形，及び est-ce que を使った疑問文にしなさい．

Il arrive bientôt.

→ ....

→ ....

3. 次の文を近接未来，近接過去にしなさい．

Il a un enfant.

→ ....

→ ....

4. 形容詞を適切な形に変えなさい．

1) Les enfants de Christophe sont déjà (grand :   ).

2) C'est un (beau :   ) appartement.

3) Marie est une étudiante (sérieux :   ).

4) Elle choisit de (bon :   ) places.

5) C'est la (dernier :   ) fois.

5. 指示に従って（   ）内に所有形容詞，[   ]内に適当な人称代名詞の強勢形を入れなさい．文の
意味も考えなさい．

1) Ce sont (あなたの   ) livres ? — Oui, ils sont à [   ].

2) Tu as (彼女の   ) adresse e-mail ?

   — Non, elle n'a pas d'ordinateur chez [   ].

3) (彼らの   ) professeur est charmant. [   ], il est toujours sympa.

4) Si (君の   ) portable est en panne, qu'est-ce que tu vas faire, [   ] ?

6. 下線部を前置詞と定冠詞の縮約形にしなさい．

1) Les enfants reviennent de la école. Ils vont ensuite à le parc de le quartier.

2) J'ai mal à les pieds. Je ne peux pas jouer à le football.

Leçons 5-6

1. 次の名詞に部分冠詞をつけなさい．

1) (   ) thé   2) (   ) eau   3) (   ) patience

2. 次の文を否定文に書き換えなさい．

1) Je travaille beaucoup. → ....

2) Nous aimons le vin. → ....

3) Elle est sympathique. → ....

4) Il a de l'argent.　　　→ ....

3. （　　）内の動詞を直説法現在形に活用させなさい．文の意味も考えなさい．

　1) Elle (partir :　　　　　　　　　　) bientôt.
　2) Je ne (sortir :　　　　　　　　　) pas ce soir.
　3) On (pouvoir :　　　　　　　　) commencer maintenant.
　4) Il ne (vouloir :　　　　　　　　) pas accepter cette proposition.
　5) Ils (finir :　　　　　　　) tard leur travail.

4. （　　）内の指示に従い，問いに答えなさい．

　1) Quel temps fait-il ?　（悪い）...
　2) Quelle heure est-il ?　（3時半）...

5. 次の動詞を tu, vous, nous に対する命令形にしなさい．

　1) entrer　..................................　..................................　..................................
　2) attendre　..................................　..................................　..................................

Leçons 7-8

1. （　　）内の動詞を直説法複合過去形に活用させなさい．文の意味も考えなさい．

　1) Je (ne pas travailler :　　　　　　　　　) pour mon examen de français.
　2) Elle (aller :　　　　　　　) à l'université hier.
　3) Nous (prendre :　　　　　　　) un café ensemble.
　4) Il (être :　　　　　　) à Paris l'été dernier.
　5) Vous (ne pas voir :　　　　　　　) Arnaud récemment ?
　6) On (attendre :　　　　　　) le bus longtemps.
　7) Ils (venir :　　　　　) en voiture.
　8) Elle (rentrer :　　　　　　) toute seule.
　9) Je (ne pas pouvoir :　　　　　　　) terminer le travail à temps.
　10) Elle (réussir :　　　　　　) à trouver le mari idéal.

2. 下線部を適当な人称代名詞に変え，文を書き直しなさい．

　1) Je prête un CD à Françoise.　→ ....
　2) Il offre ce cadeau à Catherine.　→ ....
　3) Vous prenez ce chemin.　→ ....
　4) Nous parlons à notre professeur de ce problème.
　　　　　　　　　　　　　　→ ....
　5) Il va chercher sa tante à la gare.　→ ....

6) Ils ressemblent <u>à leur père</u>.　　　→　..

7) Je te donne <u>le livre</u>.　　　→　..

8) Passez-moi <u>le sel</u>.　　　→　..

Leçons 9-10

1.　（　）内の代名動詞を指示に従って直説法現在形または複合過去形に活用させなさい．文の意味も考えなさい．

1) Comment (s'appeler :　　　　　　　　　　　)-t-il ？ ［現在形］

2) Il (se coucher :　　　　　　) tard et (se lever :　　　　　　　) tôt. ［現在形］

3) Elle (se coucher :　　　　　　) tôt samedi et (se lever :　　　　　　)
tard dimanche. Elle (se reposer assez :　　　　　　　　). ［複合過去形］

4) Ils (s'écrire :　　　　　　) des e-mails tous les jours. ［現在形］

5) Ils (s'écrire :　　　　　　　) des e-mails avant-hier. ［複合過去形］

6) Elles (se rencontrer :　　　　　　　) il y a trois jours. ［複合過去形］

7) Je (s'en aller :　　　　　　). ［現在形］
　— Tu (s'en aller :　　　　　) déjà ？ ［現在形］

8) Tu (se souvenir :　　　　　) de ton enfance ？ ［現在形］

2.　下線部を適当な中性代名詞(en, y)に変え，文を書き直しなさい．

1) Elle pense <u>à son travail</u>.
　　→　..

2) Il est fier <u>de sa nouvelle tablette</u>.
　　→　..

3) Vous n'allez pas <u>en Chine</u> cette année.
　　→　..

4) Nous avons besoin <u>de votre aide</u>.
　　→　..

5) Il prend deux <u>cafés</u>.
　　→　..

6) Je suis toujours <u>en France</u>.
　　→　..

3.　下線部がわからないものとして，そこを問う疑問文を作りなさい．

1) <u>Ça</u> ne va pas.
　　→　..

2) Laurent n'est pas venu à la réunion.

→ ....

3) Elle regarde les infos à la télé.

→ ....

4) Le dimanche, je dors et lis un peu.

→ ....

5) J'attends ma mère.

→ ....

6) C'est Monsieur Legrand.

→ ....

4. 例にならって比較級の文を作りなさい.

Dominique ＞ Sylvain   Dominique est plus sympathique que Sylvain.

1) Françoise ＜ Murielle   Françoise est (   ) riche que Murielle.
2) Alphonse ＝ Benjamin   Alphonse est (   ) âgé que Benjamin.
3) Cet ordinateur ＞ l'autre (bien)   Cet ordinateur marche (   ) que l'autre.
4) Elle ＜ moi   Elle téléphone (   ) souvent que moi.

5. 例にならって(   )内の語を比較の範囲とした最上級の文を作りなさい.

La ville de Paris est grande.   (les villes françaises)
→ La ville de Paris est la plus grande des villes françaises.

1) Il est sévère.   (les professeurs)

→ ....

2) Elle est gentille.   (mes amies)

→ ....

3) C'est un bon vin.   (la région)

→ ....

4) Il parle bien l'anglais.   (tous ses collègues)

→ ....

付　録

◆ **数字**（綴りに関してはp.69参照）🔊**140**

0	zéro						
1	un / une	11	onze	21	vingt et un	81	quatre-vingt-un
2	deux	12	douze	22	vingt-deux	89	quatre-vingt-neuf
3	trois	13	treize	30	trente	90	quatre-vingt-dix
4	quatre	14	quatorze	40	quarante	91	quatre-vingt-onze
5	cinq	15	quinze	50	cinquante	99	quatre-vingt-dix-neuf
6	six	16	seize	60	soixante	100	cent
7	sept	17	dix-sept	70	soixante-dix	101	cent un ...
8	huit	18	dix-huit	71	soixante et onze	200	deux cents ...
9	neuf	19	dix-neuf	79	soixante-dix-neuf	1 000	mille
10	dix	20	vingt	80	quatre-vingts	10 000	dix mille

100 000	cent mille
1 000 000	un million
10 000 000	dix millions
100 000 000	cent millions
1 000 000 000	un milliard

◆**序数詞** 🔊**141**

基数詞＋**-ième**（基数詞がeで終わる場合はeを省いて -èmeをつける）

1er(ère)	premier (première)	6e	sixième	11e	onzième
2e	deuxième	7e	septième	21e	vingt et unième
3e	troisième	8e	huitième	...	
4e	quatrième	9e	neuvième	dernier (dernière)	
5e	cinquième	10e	dixième		

◆**曜日**（les jours de la semaine）🔊**142**

lundi	mardi	mercredi	jeudi	vendredi	samedi	dimanche
月	火	水	木	金	土	日

◆**月**（les mois de l'année）🔊**143**

1月	janvier	4月	avril	7月	juillet	10月	octobre
2月	février	5月	mai	8月	août	11月	novembre
3月	mars	6月	juin	9月	septembre	12月	décembre

◆**季節**（les saisons）🔊**144**

le printemps	l'été	l'automne	l'hiver
(au printemps)	(en été)	(en automne)	(en hiver)

・・・・・・・・・・・フランス語をもっと楽しもう・・・・・・・・・・

◇フランス語をもっと勉強しよう

公認の語学学校：アンスティチュ・フランセ東京（https://www.institutfrancais.jp/tokyo/）[1],

アテネ・フランセ（https://athenee.jp）[2],

地方はフランス大使館の HP 参照（https://jp.ambafrance.org）[3].

◇フランス語の資格をとろう

仏検（DAPF）（実用フランス語技能検定試験）：https://www.apefdapf.org/ [4]

DELF, DALF, TCF（フランス文科省主催の世界共通検定試験）：詳細は上記フランス大使館の HP 参照.

◇インターネットでフランスのラジオを聞いてみよう / 新聞を読んでみよう

国営ラジオ Radio France International の *Journal en français facile* は比較的簡単です．新聞は *Le Monde*, *Libération*, *Le Figaro* などが一般的ですが，*Le Journal des enfants* は比較的簡単です．

◇フランス映画を見よう

モンパルナスの灯（*Montparnasse 19*, 1958），死刑台のエレベーター（*Ascenseur pour l'échafaud*, 1958），大人は判ってくれない（*Les quatre cents coups*, 1959），太陽がいっぱい（*Plein soleil*, 1960），気狂いピエロ（*Pierrot le fou*, 1961），シェルブールの雨傘（*Les parapluies de Cherbourg*, 1964），男と女（*Un homme et une femme*, 1966），ロシュフォールの恋人たち（*Les demoiselles de Rochefort*, 1967），告白（*L'aveu*, 1970），ロバと王女（*Peau d'âne*, 1970），すぎ去りし日の ...（*Les choses de la vie*, 1970），小さな悪の華（*Mais ne nous délivrez pas du mal*, 1970），アメリカの夜（*La nuit américaine*, 1973），終電車（*Le dernier métro*, 1980），王と鳥（*Le roi et l'oiseau*, 1980），ディーバ（*Diva*, 1981），隣の女（*La femme d'à côté*, 1981），海辺のポーリーヌ（*Pauline à la plage*, 1983），ベティ・ブルー（*37.2 le matin*, 1986），グラン・ブルー（*Le grand bleu*, 1988），レオン（*Léon*, 1994），憎しみ（*La haine*, 1995），TAXi（*Taxi*, 1998），アメリ（*Le fabuleux destin d'Amélie Poulain*, 2001），ピアニスト（*La pianiste*, 2001），スパニッシュ・アパートメント（*L'auberge espagnole*, 2002），8 人の女たち（*Huit femmes*, 2002），コーラス（*Les choristes*, 2004），モンテーニュ通りのカフェ（*Fauteuils d'orchestre*, 2006），空から見た地球（*Home*, 2009），最強のふたり（*Intouchables*, 2011），タイピスト！（*Populaire*, 2012），アデル，ブルーは熱い色（*La Vie d'Adèle : Chapitres 1 et 2*, 2013），エール！（*La famille Bélier*, 2014），燃ゆる女の肖像（*Portrait de la jeune fille en feu*, 2019）...

◇フランスに行こう

フランスの観光情報：https://jp.france.fr/ja [5]

フランス留学の情報：https://www.japon.campusfrance.org [6]

*1 *2 *3 *4 *5 *6

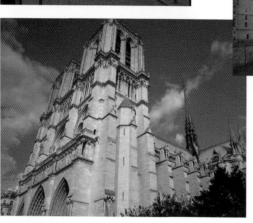

パリ
シャンティイ
リール

基本単語・表現集

＊以下の語・表現（そして意味）は
重要なものに限ってあります.
（太字は最重要単語）

【略号一覧】

m = nom masculin　　　男性名詞
f = nom féminin　　　　女性名詞
pl = pluriel　　　　　　複数形
vt = verbe transitif　　他動詞
vi = verbe intransitif　自動詞
vp = verbe pronominal　代名動詞
adj = adjectif　　　　　形容詞
adv = adverbe　　　　　副詞
prép = préposition　　　前置詞
conj = conjonction　　　接続詞
art = article　　　　　　冠詞
pron = pronom　　　　　代名詞

A

à (prép)　　　　　　～に，～で
accident (m)　　　　　　　事故
d'accord　　　　　　了解，OK
acheter (vt)　　　　　　　買う
acteur (m) / actrice (f)　俳優，女優
adorer (vt)　　　　大好きである
âge (m)　　　　　　　　　年齢
âgé (adj)　　　　年を取っている
agréable (adj)　　　　心地よい
aider (vt)　　　　手伝う，助ける
aimer (vt)　　　　愛する，好む
Allemagne (f)　　　　　ドイツ
allemand (adj, m)　　ドイツの,
　ドイツ語
aller (vi)　　　　　　　　行く
alors (adv)　　それなら；その時
ami (m), amie (f)　　　　友達
amour (m)　　　　　　愛，恋
amoureux, amoureuse (adj, m, f)
　恋している，恋人
an (m)　　　　　　　　年，歳
ancien(ne) (adj)　　古い，古代の
anglais (adj, m)　英国の，英語
Angleterre (f)　　　　　英国
animal (m)　　　　動物，獣
année (f)　　　　　年，年間
anniversaire (m)　誕生日，記念日
appartement (m)　アパルトマン,
　マンション（2部屋以上）
appeler (vt)　　　　　　呼ぶ
　s'appeler ～ (vp)　　～と言う

appétit (m)　　　　　　食欲
　bon appétit　よい食事を
apprendre (vt)　　　　　習う
après (prép)　～の後（主に時間）
après-demain (m)　　　明後日
après-midi (m)　　　　　午後
argent (m)　　　　　　　お金
arriver (vi)　　　着く，起こる
s'asseoir (vp)　　　　　座る
assez (adv)　　　　　十分に
attendre (vt)　　　　　待つ
aujourd'hui (adv)　　　今日
au revoir　　　　　さようなら
aussi（＋形容詞）que ～　～と
　同じほど…
automne (m) (en ～)　秋（秋に）
avant (prép)　　　　　前に
avant de ～　　　～（する）前に
avec (prép)　　～といっしょに
avenir (m)　　　　未来，将来
avenue (f)　　　　　（大）通り
avion (m) (en ～)　　飛行機
　（飛行機で）
avoir (vt)　　　　英語の "have"

B

bagage (m)　　　　　　荷物
banque (f)　　　　　　銀行
beau (bel), belle (adj)　きれい，美
　しい
beaucoup（de＋名詞）たくさん
　（の～）
bébé (m)　　　　　　赤ちゃん
besoin (m)　　　　必要，ニーズ
　avoir besoin de ～　～が必要
beurre (m)　　　　　　バター
bien (adv, m)　よい，よく；善
bientôt (adv)　　　　もうじき
blanc, blanche (adj)　　白い
bleu (adj, m)　　　青い，青
boisson (f)　　　　　飲み物
bon, bonne (adj)　よい，正しい,
　おいしい
bonjour (m)　　　こんにちは,
　おはよう
bonsoir (m)　　　　こんばんは
bouger (vi)　動く（身動きする）
boulevard (m)　　　　（大）通り
se brosser (vp) les dents　歯を磨く
bureau (m)　　事務所，オフィス
bus (m), autobus (m)　　　バス

C

cadeau (m)　　　　　　贈り物
café (m)　　　コーヒー；カフェ
calme (adj)　　　　　静かな
se calmer (vp)　　　落ち着く
campagne (f)　　　　　田舎
ce, ça, cela, ceci (pron)　それ（は）,
　これ（は）
ce, cet, cette (adj)　その，この
cent (m, adj)　　　　　100
chambre (f)　　　　　寝室
chance (f)　　　運，チャンス
changer (vt)(vi)　変える；変わる
chanson (f)　　　　　　歌
chanter (vt)　　　　　　歌う
chanteur (m), chanteuse (f)　歌手
chaque (adj)　　　　各々の
chat (m)　　　　　　　　猫
chaud(e) (adj)　暖かい，暑い
chemin (m)　　　　　　道
cher, chère (adj)　高い（値段）
chercher (vt)　　　　　探す
cheval (m)　　　　　　　馬
cheveu (m)　　　　　　髪
chez (prép)　　　～の家で（に）
chien (m)　　　　　　　犬
Chine (f)　　　　　　　中国
chinois (adj, m)　中国の，中国語
chocolat (m)　　チョコ，ココア
chômage (m)　　　　　失業
choisir (vt)　　　　　選ぶ
chose (f)　　　　　　　物
ciel (m)　　　　　空，天
cinéma (m)　　　　映画館,
　映画（ジャンルとして）
cinq (m, adj)　　　　　5
clé (m)　　　　　　　　鍵
colère (f)　　　　　　怒り
combien (de ～)　どのくらい（の
　～）（お金，時間）
comme (prép)　～として，～のよ
　うな；(conj) ～なので
commencer (vt, vi)　　始める,
　始まる
comment (adv)　どのように,
　どういうふうに（疑問詞）
comprendre (vt)　　理解する
connaître (vt)　　知っている
content(e) (adj)　（de＋不定詞／
　名詞）（～に）満足
copain (m) / copine (f)　友達（所有

形容詞をつけると「恋人」)

continuer (vt, vi) 続ける；続く
à côté de 〜 (prép) 〜のそば，近くに
coucher (vt) 寝かせる
se coucher (vp) 寝る
couleur (f) 色
cousin(e) (m, f) いとこ
coûter (vi) （お金が）かかる
courage (m) 勇気
cours (m) 授業，講義
course (f) 競争，買い物（複数）
faire des courses 買い物する
court (adj) 短い
crayon (m) 鉛筆
cuisine (f) 料理，台所

D

dame (f) 婦人
dans (prép) 〜に，〜で，〜の中
danser (vt) 踊る
début (m) 初め
décider (vt) 決める
dehors (adv) 外で
déjà (adv) 既に
déjeuner (m, vi) 昼食（をとる）
demain (adv) 明日
demander (vt) 頼む，尋ねる
demi (adj) 半分
dent (f) 歯
se dépêcher (vp) 急ぐ
depuis (prép) 〜から
dernier, dernière (adj) 最後の，最新の
désirer (vt) 望む
désolé (adj) 残念だ，申し訳ない
dessert (m) デザート
détester (vt) 嫌う
deux (m, adj) 2
devant (prép, adv) 〜の前に，前に
devenir (vi) 〜になる
devise (f) スローガン，標語
devoir (vi, vt) [英語の "must"]
devoirs (m, pl) 宿題（複数で）
dictionnaire (m) 辞書
différent 異なった
difficile (adj) 難しい
dimanche (m) 日曜日
dîner (m, vi) 夕食（をとる）
discuter (vi) 議論する
disque (m) CD，レコード

dix (m, adj) 10
dix-huit (m, adj) 18
dix-neuf (m, adj) 19
dix-sept (m, adj) 17
dommage (m) 残念；損害
donner (vt) 与える，あげる
dormir (vi) 眠る
doux, douce (adj) 優しい，甘い
douze (m, adj) 12
drapeau (m) 旗
drôle (adj) 滑稽な
droite (f) (à 〜) 右（右に）

E

eau (f) 水
école (f) （小）学校
écouter (vt) 聴く
écrire (vt) 書く（活用注意）
élevé(e) (adj) 高い；高度な
élève (m) 生徒
émission (f) 番組
employé(e) (m, f) 従業員
en (prép) 〜に（場所，時間）
enchanté(e) (adj) はじめまして
encore (adv) まだ〜，再び
endroit (m) 場所
s'énerver (vp) 苛立つ
enfant (m, f) 子供
enfin (adj) ついに，結局
s'ennuyer (vp) 退屈する
ensemble (adv) 一緒に，共に
entendre (vt) 聞こえる，了解する
entre (prep) ...の間
entrer (vi) 入る
envoyer (vt) 送る
essayer (vt) 試す（活用注意）
estomac (m) 胃
États-Unis (m, pl) 米国
été (m) (en 〜, l' 〜) 夏（夏に）
étranger (m), étrangère (f) 外国人；(adj) 外国の
être (vi) [英語の "be"]
étude (f) 勉強
étudiant (m) / étudiante (f) 大学生
étudier (vt) 勉強，研究する
eux / elles (pron) 彼ら，彼女達（強勢形）
examen (m) 試験
excellent (adj) すばらしい，優秀
excuser (vt) 許す
s'excuser (vp) 謝罪する

exister (vi) 存在する

F

facile (adj) 簡単な
façon (f) やり方
faim (f) 空腹，飢え
avoir faim 空腹である
famille (f) 家族，家庭
faire (vt) する，やる，作る
fatigué(e) (adj) 疲れている
femme (f) 女性；妻
fermer (vt) 閉める
fête (f) パーティ，祝日
fêter (vt) 祝う
feu (m) 火；信号
feu d'artifice 花火
feuille (f) 紙1枚；葉
fier, fière de 〜 (adj) 〜を誇りに思う
fille (f) 女の子；娘
film (m) 映画（作品）
fils (m) 息子
finir (vt, vi) 終える，終わる
fleur (f) 花
fois (f) 回，度
football (m) サッカー
frais, fraîche (adj) 新鮮な，冷たい，涼しい
franc (m) フラン（フランス旧通貨）
français(e) (adj) フランスの
français (m) フランス語
Français (m) / Française (f) フランス人
frère (m) 兄 / 弟
grand frère 兄 / petit frère 弟
frigo (m) 冷蔵庫（会話で）
froid(e) (adj) 寒い，冷たい
fromage (m) チーズ
fumer (vt) （たばこを）吸う

G

gâteau (m) ケーキ，菓子
garçon (m) 男の子；ボーイ
gare (f) 駅
gauche (f) (à 〜) 左（左に）
gens (m, pl) 人々
gentil, gentille (adj) 親切な
gourmand (m, adj) 食いしん坊
gourmet (m) グルメ
grand(e) (adj) 大きい
grandir (vi) 大きくなる

grand-père (m) / grand-mère (f)
祖父 / 祖母
grave (adj) 深刻な，重大な
grenouille (f) 蛙
groupe (m) グループ，集団
guerre (f) 戦争
guitare (f) ギター

H

habiller (vt) 服を着せる
habitant(e) (m, f) 住民，住人
habiter (vi：à 〜, dans 〜, en 〜)
(vt) （〜に）住む
d'habitude 普段
heure (f) 〜時，時間
heureux, heureuse (adj) 幸せな
histoire (f) 歴史；物語
hiver (m) (en 〜, l' 〜) 冬(冬に)
homme (m) 男性；人間
hôtel (m) ホテル
humide (adj) 湿度の高い
huit (m, adj) 8

I

ici (adv) ここ
idée (f) 着想；考え
il / elle (pron) 彼・彼女(主語)
ils / elles (pron) 彼ら，
彼女達(主語)
il y a (＋名詞) 〜がある；
(過去形と一緒の場合)〜前(時間)
important(e) (adj) 重要な
impôt (m) 税金
inconnu(e) (m, adj) 知らない人，
知らない
s'inquiéter de 〜 (vp) 〜が心配
intelligent(e) (adj) 頭がいい
intéressant(e) (adj) 興味深い
intéresser (vt) 興味を持たせる
s'intéresser à 〜 (vp) 〜に興味を
持つ
inviter (vt) 招く

J

jamais (adv) (ne 〜 jamais) 決し
て〜ない(〜したことがない)
japonais(e) (adj) 日本の
japonais (m) 日本語
Japonais (m) / Japonaise (f) 日本人
jaune (adj, m) 黄色(い)
jardin (m) 庭

je (pron) 僕，私(主語)
jeudi (m) 木曜日
jeune (adj) 若い
joli(e) (adj) きれいな
jouer (vi) (à 〜) (野球等のスポーツ
を)する；(de 〜) (楽器を)弾く
jour (m) 日；昼間
journal (m) 新聞；日記
journaliste (m, f) 記者
journée (f) 1 日(朝から晩まで)
jupe (f) スカート
jusqu'à 〜 〜まで

L

là (adv) そこ
laisser (vt) 残す；〜させておく
lait (m) 牛乳 (du lait)
langue (f) 言語
lapin (m) ウサギ
laver (vt) 洗う
le / la / les (art, pron) [英語の
"the"] / 彼・彼女・それ(目的語)
leçon (f) レッスン
léger, légère (adj) 軽い
légume (m) 野菜
leur, leurs (adj) 彼らの〜
leur (pron) 彼ら(目的語)
se lever (vp) 起きる
liberté (f) 自由
liberté (f) égalité (f) fraternité (f)
自由・平等・友愛
libre (adj) 自由な，
ただ[英語の "free"]
lire (vt) 読む(活用注意)
livre (m) 本
loi (f) 法
loin (adv) 遠くに，遠い
long, longue (adj) 長い
longtemps (adv) 長い間
lui / elle (pron) 彼・彼女(強勢形)
lui は目的語にもなる
lundi (m) 月曜日
lune (f) 月

M

madame (f) (女性の呼び方)
mademoiselle (f) (未婚の，また
は若い女性の呼び方)
magasin (m) 店
grand magasin デパート
maintenant (adv) 今

mais (conj) しかし
maison (f) 一戸建て，家
majorité (f) 多数派；大半(逆は
minorité)
mal (m) 悪；痛み；困難
avoir mal à 〜 〜が痛い
malade (m, adj) 患者，病気の
manger (vt) 食べる
se maquiller (vp) 化粧する
marché (m) 市場
marcher (vi) 歩く
mardi (m) 火曜日
mariage (m) 結婚
se marier (vp) 結婚する
marre → en avoir marre うんざり
matin (m) 朝，午前
mauvais(e) (adj) 悪い，まずい
me (pron) 私(目的語)
médecin (m) 医者
meilleur (adj) よりよい(bon の優
等比較級)
même (pron, adj) 同じ，〜さえ
mer (f) 海
merci (m) ありがとう
mercredi (m) 水曜日
message (m) メッセージ
métro (m) 地下鉄
mettre (vt) 置く；入れる；着る
midi (m) 正午
mieux que 〜よりよく
mille (m, adj) 1 000
minuit (m) 深夜 12 時
mode (f) 流行，ファッション
à la mode 流行の，流行している
moi (pron) 私(強勢形)
moins ... que [英語の "less ... than"]
mois (m) 一か月，〜月
moment (m) 瞬間
mon, ma, mes (adj) 私の〜(所有
形容詞)
monde (m) 世界
tout le monde 皆
monsieur (m) [男性の呼び方]
montagne (f) 山
monter (vi, vt) 上げる，上がる
montrer (vt) 示す，見せる
se moquer de 〜 (vp) をからかう
mourir (vi) 死ぬ
musée (m) 美術館，博物館
musicien (m), musicienne (f) 音楽家
musique (f) 音楽

N

naissance (f) 誕生
naître (vi) 生まれる
natal (adj) → pays natal 生まれた国
nécessaire (adj) 必要な
neiger (vi) 雪が降る (il neige)
neuf (m, adj) 9
Noël (m) クリスマス
noir(e) (adj, m) 黒（い）
nom (m) 姓，名字，名前，名称
nombreux, nombreuse (adj) 多くの
non (m) いいえ
note (f) 成績
notre, nos (adj) 私達の〜
nourriture (f) 食物，栄養物
nous (pron) 私達（主語 / 目的語 / 強勢形）
nouveau (nouvel), nouvelle (adj) 新しい，最新の
nuit (f) 夜
numéro (m) 番号

O

obéir (vt) (à 〜) （〜に）従う
occupé(e) (adj, p.p.) 忙しい
s'occuper de 〜 (vp) 〜を世話する，担当する
œuf (m) 卵
offrir (vt) 贈る，提供する
oiseau (m) 鳥
oncle (m) 叔父
onze (m, adj) 11
ordinateur (m) コンピュータ
ou (conj) あるいは
où (adv) どこに（へ）（疑問詞）
oublier (vt) 忘れる
oui (m) はい
ouvert(e) (adj) 開いている
ouvrir (vt) 開く，開ける

P

pain (m) フランスパン
paix (f) 平和
par (prép) 〜を通り，によって
parc (m) 公園
parce que 〜なので，〜だから
pardon (m) すみません
parents (m.pl.) 両親
paresseux (se) (adj) 怠け者
parfum (m) 香水
parler (vi) しゃべる，話す

partir (vi) 出発する，出かける
passer (vi, vt) 通る，立ち寄る（時間を）過ごす
se passer (vp) 起こる
patience (f) 忍耐（心）
pause (f) 休憩
payer (vt) 払う
pays (m) 国，地方
peinture (f) 絵，絵画
pendant (prép) 〜の間
penser (vt) (à 〜 / de 〜) 〜を考える；思う
père (m) 父
personne (pron) (f) 人；誰も〜ない (ne ... personne)
petit(e) (adj) 小さい
peu (un peu de ＋名詞) 少し
peur (f) 恐怖
avoir peur (de 〜) （〜が）恐い
peut-être 〜かもしれない
photo (f) 写真
piscine (f) プール
place (f) 広場，席
plaire (vi) (à) 〜 〜（の）気に入る
s'il vous plaît お願いします
plaisir (m) 楽しみ，喜び
avec plaisir 喜んで
pleuvoir (vi) （雨が）降る (il pleut)
plus ... que ［英語の "more ... than"］
poche (f) ポケット
poisson (m) 魚
portable (m) 携帯電話
porter (vt) 運ぶ；（衣服を）着ている
possible (adj) 可能な，ありうる
poste (f) 郵便，郵便局 (= bureau de poste)
poulet (m) チキン
pour (prép) 〜のため；〜宛て
pourtant (conj) しかしながら
pourquoi (adv) なぜ（疑問詞）
pouvoir (vt) 〜できる（＋不定詞）［英語の "can"］
préféré(e) (adj) 気に入っている
préférer (A à B) (vt) BよりAを好む
premier, première (adj) 最初の
prendre (vt) 取る；乗る；かかる（時間）
prénom (m) ［英語の "first name"］
préparer (vt) 準備する

près de 〜 〜の近くに
présenter (vt) 紹介する
prêter (vt) 貸す
printemps (m) (au 〜, le 〜) 春（春に）
prix (m) 価格
prochain(e) (adj) 次の
professeur (m) 先生，教授，教師
promener (vt) 散歩をさせる
se promener (vp) 散歩する
propre (adj) 清潔な，固有の
publicité (f) 広告
pull (m) セーター

Q

quand (adv, conj) いつ（疑問詞），〜するとき
quand même それにしても
quatorze (m, adj) 14
quatre (m, adj) 4
quart (m) 4分の1
que (conj) ［英語の "that"］
que / qu'est-ce que (疑問代名詞) 何
quel (adj, pron) どの，何の
quelque chose (pron) 何か
quelquefois (adv) 時々
quelqu'un (m) 誰か
question (f) 質問，問題
qui (疑問代名詞) 誰が，誰を
quinze (m, adj) 15

R

raison (f) 理由，理性
avoir raison 正しい
rappeler (vt) 思い出させる
se rappeler 〜 (vp) 〜を思い出す
se rapprocher (de 〜) (vp) （〜に）近づく
recevoir (vt) 受け取る
réel, réelle (adj) 現実の
réfugié (m) 難民
regarder (vt) 見る，見つめる
rencontrer (vt) 出会う，会う
rentrer (vi) 帰る，帰宅する
repas (m) 食事
répondre (vi) (à 〜) （〜に）答える
se reposer (vp) 休む
république (f) 共和国
respecter (vt) 尊敬する，尊重する
ressembler (vt) (à 〜) （〜に）似て

いる
restaurant (m) レストラン
rester (vi) とどまる，残る
resto U (m) 学食
résultat (m) 結果
retard (m) 遅れ
en retard 遅れて
rêve (m) 夢
réveiller (vt) 目覚めさせる
se réveiller 目覚める
revenir (vi) 戻ってくる
revoir (vt) また会う，再び見る
au revoir さようなら
réussir (vt) (à ～) （～に）成功する
riche (adj) 金持ちの，豊かな
rien (pron) [ne ～ rien] 何も～ない
rire (vi, m) 笑う，笑い
riz (m) 米
rouge (adj, m) 赤(い)
rue (f) 通り，街

S

sac (m) 鞄
saison (f) 季節
salarié(e) (m, f) 給与所得者
samedi (m) 土曜日
santé (f) 健康
savoir (vt) 知る
secret (m) 秘密
Seine (f) セーヌ川
seize (m, adj) 16
semaine (f) 週
sens (m) 意味；方角
sept (m, adj) 7
sérieux, sérieuse (adj) まじめな，深刻な
serveur (m), serveuse (f) 給仕
servir (vt) 給仕する
se servir de ～ (vp) ～を使う
seul(e) (adj) ただ1つ(1人)
si (conj, adv) 英語の if；さほど；いいえ（否定の問いに肯定の答）
sieste (f) 昼寝
six (m, adj) 6
société (f) 社会，会社
sœur (f) 姉／妹
grande sœur 姉／petite sœur 妹
soif (f) 喉のかわき
avoir soif 喉がかわいている
soir (m) 夕方，晩
soldes (m, pl) セール

soleil (m) 太陽
son, **sa**, **ses** (adj) 彼の，彼女の～
sortir (vi, vt) 出かける；取り出す
souci (m) 心配事
se souvenir de ～ (vp) ～を思い出す
souvent (adv) しばしば
spécial (adj) 特別な
sport (m) スポーツ
station (f) 駅(地下鉄)
statue (f) 彫像
studio (m) 単室アパート，スタジオ
stylo (m) ボールペン
sucre (m) 砂糖
suffire (vi) 足りる(非人称表現で)
suite → tout de suite 直ちに
sur (prép) ～の上に；～について
sûr(e) (adj) 確信している；確かな；安全な
bien sûr もちろん
sympathique (adj) 感じのいい

T

table (f) テーブル
tante (f) 叔母
tard (adv) 遅く；遅い時間に
te (pron) 君(目的語)
téléphoner (vi) (à ～) （～に）電話する
télévision (f) テレビ(略して télé)
temps (m) 時間；気候
de temps en temps 時々
terminer (vt) 終える
se terminer (vp) 終わる
terre (f) 地球，大地
tête (f) 頭
théâtre (m) 演劇，芝居，劇場
thé (m) 茶
toi (pron) 君，お前(強勢形)
tomber (vi) 落ちる，転ぶ
ton, **ta**, **tes** (adj) 君の～
tort (m) 誤り，間違い
avoir tort 間違っている
tôt (adv) 早く；朝早く
toujours (adv) いつも，常に
tout (adj, pron) すべて；すべての
train (m) 列車，電車
travail (m) 仕事，勤務
travailler (vi, vt) 働く，勉強する
treize (m, adj) 13
trente (m, adj) 30
très (adv) 非常に

triste (adj) 悲しい
trois (m, adj) 3
trop (adv) あまりに～
trouver (vt) 見つける
tu (pron) 君，お前(主語)

U

un (m, adj), **une** (f, adj) 1
un / **une** / **des** (art) 英語の "a"
université (f) 大学

V

vacances (f, pl.) 休暇，休み
vaisselle (f) 食器
faire la vaisselle 皿洗いする
vélo (m) (à ～, en ～) 自転車（自転車で）
vendre (vt) 売る
vendredi (m) 金曜日
venir (vi) 来る
ventre (m) おなか，腹
vers (prép) ～の方面に，～頃
vert (adj, m) 緑(の)
veste (f) 上着，ジャケット
vêtement (m) 衣類，洋服
viande (f) 肉
vidéo (f) ビデオ
vie (f) 人生
vieux (vieil), vieille (adj) 古い；年老いた
ville (f) 町，都市
vin (m) ワイン
vingt (m, adj) 20
violence (f) 暴力
visiter (vt) 見学する，見物する
vite (adv) 速く，急いで
vivre (vi, vt) 生活する，～を生きる
voici / **voilà** これは（ここに）～
voir (vt) 見る，見える，会う
voiture (f) (en ～) 車(自動車で)
votre, **vos** (adj) あなた(達)の～
vouloir (vt) 望む，（＋不定詞）～したい
vous (pron) あなた(達)（主語／目的語／強勢形）
voyage (m) 旅行
vrai(e) (adj) 本当の，真実の

W

week-end (m) 週末

主な動詞の活用（直説法現在）

（　　）内は過去分詞　　il, ils は同時に elle, elles でもある.

1. **acheter** (acheté)	j'ach**è**te tu　ach**è**tes il　ach**è**te nous achetons vous achetez ils　ach**è**tent （lever, promener も同じ形）	8. **boire** (bu)	je　bois tu　bois il　boit nous buvons vous buvez ils　boivent	15. **écrire** (écrit)	j'écris tu　écris il　écrit nous écrivons vous écrivez ils　écrivent
2. **aimer** (aimé)	j'aime tu　aimes il　aime nous aimons vous aimez ils　aiment	9. **choisir** (choisi)	je　choisis tu　choisis il　choisit nous choisissons vous choisissez ils　choisissent	16. **envoyer** (envoyé)	j'envoie tu　envoies il　envoie nous envoyons vous envoyez ils　envoient
3. **aller** (allé)	je　vais tu　vas il　va nous allons vous allez ils　vont	10. **commencer** (commencé)	je　commence tu　commences il　commence nous commen**ç**ons vous commencez ils　commencent	17. **essayer** (essayé)	j'essaie tu　essaies il　essaie nous essayons vous essayez ils　essaient
4. **appeler** (appelé)	j'appelle tu　appelles il　appelle nous appelons vous appelez ils　appel**l**ent	11. **connaître** (connu)	je　connais tu　connais il　conna**î**t nous connaissons vous connaissez ils　connaissent （目的語が人，物，場所のときに使う）	18. **être** (été)	je　suis tu　es il　est nous sommes vous êtes ils　sont
5. **s'asseoir** (assis)	je　m'assieds tu　t'assieds il　s'assieds nous nous asseyons vous vous asseyez ils　s'asseyent	12. **devoir** (dû)	je　dois tu　dois il　doit nous devons vous devez ils　doivent	19. **faire** (fait)	je　fais tu　fais il　fait nous faisons vous faites ils　font
6. **attendre** (attendu)	j'attends tu　attends il　attend nous attendons vous attendez ils　attendent （entendre, répondre も同じ）	13. **dire** (dit)	je　dis tu　dis il　dit nous disons vous di**tes** ils　disent	20. **finir** (fini)	je　finis tu　finis il　finit nous finissons vous finissez ils　finissent
7. **avoir** (eu)	j'ai tu　as il　a nous avons vous avez ils　ont	14. **dormir** (dormi)	je　dors tu　dors il　dort nous dormons vous dormez ils　dorment	21. **lever** (levé)	je　l**è**ve tu　l**è**ves il　l**è**ve nous levons vous levez ils　l**è**vent

22. se lever			29. partir			36. réussir		
	je	me lève	(parti)	je	pars	(réussi)	je	réussis
	tu	te lèves		tu	pars		tu	réussis
	il	se lève		il	part		il	réussit
	nous	nous levons		nous	partons		nous	réussissons
	vous	vous levez		vous	partez		vous	réussissez
	ils	se lèvent		ils	partent		ils	réussissent

23. lire			30. plaire			37. savoir		
(lu)	je	lis	(plu)	je	plais	(su)	je	sais
	tu	lis		tu	plais		tu	sais
	il	lit		il	plaît		il	sait
	nous	lisons		nous	plaisons		nous	savons
	vous	lisez		vous	plaisez		vous	savez
	ils	lisent		ils	plaisent		ils	savent

（connaître と違い，節を従える）

24. manger			31. pleuvoir			38. servir		
(mangé)	je	mange	(plu)			(servi)	je	sers
	tu	manges		il	pleut		tu	sers
	il	mange					il	sert
	nous	mangeons					nous	servons
	vous	mangez					vous	servez
	ils	mangent					ils	servent

（changer も同じ形）　　　（現在形はこの活用のみ）

25. mettre			32. préférer			39. sortir		
(mis)	je	mets	(préféré)	je	préfère	(sorti)	je	sors
	tu	mets		tu	préfères		tu	sors
	il	met		il	préfère		il	sort
	nous	mettons		nous	préférons		nous	sortons
	vous	mettez		vous	préférez		vous	sortez
	ils	mettent		ils	préfèrent		ils	sortent

（espérer, répéter も同じ形）

26. mourir			33. pouvoir			40. venir		
(mort)	je	meurs	(pu)	je	peux	(venu)	je	viens
	tu	meurs		tu	peux		tu	viens
	il	meurt		il	peut		il	vient
	nous	mourons		nous	pouvons		nous	venons
	vous	mourez		vous	pouvez		vous	venez
	ils	meurent		ils	peuvent		ils	viennent

（tenir も同じ形）

27. neiger			34. prendre			41. voir		
(neigé)	il	neige	(pris)	je	prends	(vu)	je	vois
				tu	prends		tu	vois
				il	prend		il	voit
				nous	prenons		nous	voyons
				vous	prenez		vous	voyez
				ils	prennent		ils	voient

（現在形はこの活用のみ）

28. ouvrir			35. recevoir			42. vouloir		
(ouvert)	j'	ouvre	(reçu)	je	reçois	(voulu)	je	veux
	tu	ouvres		tu	reçois		tu	veux
	il	ouvre		il	reçoit		il	veut
	nous	ouvrons		nous	recevons		nous	voulons
	vous	ouvrez		vous	recevez		vous	voulez
	ils	ouvrent		ils	reçoivent		ils	veulent

不 定 詞 現在分詞 過去分詞	直 説 法			条件法	接続法
	現　在	半過去	単純未来	現　在	現　在
1. **acheter** achetant acheté	j'　achète tu　achètes il　achète n.　achetons v.　achetez ils achètent	j'　achetais tu　achetais il　achetait n.　achetions v.　achetiez ils achetaient	j'　achèterai tu　achèteras il　achètera n.　achèterons v.　achèterez ils achèteront	j'　achèterais tu　achèterais il　achèterait n.　achèterions v.　achèteriez ils achèteraient	j'　achète tu　achètes il　achète n.　achetions v.　achetiez ils achètent
2. **aimer** aimant aimé	j'　aime tu　aimes il　aime n.　aimons v.　aimez ils aiment	j'　aimais tu　aimais il　aimait n.　aimions v.　aimiez ils aimaient	j'　aimerai tu　aimeras il　aimera n.　aimerons v.　aimerez ils aimeront	j'　aimerais tu　aimerais il　aimerait n.　aimerions v.　aimeriez ils aimeraient	j'　aime tu　aimes il　aime n.　aimions v.　aimiez ils aiment
3. **aller** allant allé	je　vais tu　vas il　va n.　allons v.　allez ils vont	j'　allais tu　allais il　allait n.　allions v.　alliez ils allaient	j'　irai tu　iras il　ira n.　irons v.　irez ils iront	j'　irais tu　irais il　irait n.　irions v.　iriez ils iraient	j'　aille tu　ailles il　aille n.　allions v.　alliez ils aillent
4. **appeler** appelant appelé	j'　appelle tu　appelles il　appelle n.　appelons v.　appelez ils appellent	j'　appelais tu　appelais il　appelait n.　appelions v.　appeliez ils appelaient	j'　appellerai tu　appelleras il　appellera n.　appellerons v.　appellerez ils appelleront	j'　appellerais tu　appellerais il　appellerait n.　appellerions v.　appelleriez ils appelleraient	j'　appelle tu　appelles il　appelle n.　appelions v.　appeliez ils appellent
5. **avoir** ayant eu	j'　ai tu　as il　a n.　avons v.　avez ils ont	j'　avais tu　avais il　avait n.　avions v.　aviez ils avaient	j'　aurai tu　auras il　aura n.　aurons v.　aurez ils auront	j'　aurais tu　aurais il　aurait n.　aurions v.　auriez ils auraient	j'　aie tu　aies il　ait n.　ayons v.　ayez ils aient
6. **boire** buvant bu	je　bois tu　bois il　boit n.　buvons v.　buvez ils boivent	je　buvais tu　buvais il　buvait n.　buvions v.　buviez ils buvaient	je　boirai tu　boiras il　boira n.　boirons v.　boirez ils boiront	je　boirais tu　boirais il　boirait n.　boirions v.　boiriez ils boiraient	je　boive tu　boives il　boive n.　buvions v.　buviez ils boivent
7. **commencer** commençant commencé	je　commence tu　commences il　commence n.　commençons v.　commencez ils commencent	je　commençais tu　commençais il　commençait n.　commencions v.　commenciez ils commençaient	je　commencerai tu　commenceras il　commencera n.　commencerons v.　commencerez ils commenceront	je　commencerais tu　commencerais il　commencerait n.　commencerions v.　commenceriez ils commenceraient	je　commence tu　commences il　commence n.　commencions v.　commenciez ils commencent

不定詞 現在分詞 過去分詞	直　　説　　法			条件法	接続法
	現　在	半過去	単純未来	現　在	現　在
8. **connaître** connaissant connu	je connais tu connais il connaît n. connaissons v. connaissez ils connaissent	je connaissais tu connaissais il connaissait n. connaissions v. connaissiez ils connaissaient	je connaîtrai tu connaîtras il connaîtra n. connaîtrons v. connaîtrez ils connaîtront	je connaîtrais tu connaîtrais il connaîtrait n. connaîtrions v. connaîtriez ils connaîtraient	je connaisse tu connaisses il connaisse n. connaissions v. connaissiez ils connaissent
9. **descendre** descendant descendu	je descends tu descends il descend n. descendons v. descendez ils descendent	je descendais tu descendais il descendait n. descendions v. descendiez ils descendaient	je descendrai tu descendras il descendra n. descendrons v. descendrez ils descendront	je descendrais tu descendrais il descendrait n. descendrions v. descendriez ils descendraient	je descende tu descendes il descende n. descendions v. descendiez ils descendent
10. **devoir** devant dû	je dois tu dois il doit n. devons v. devez ils doivent	je devais tu devais il devait n. devions v. deviez ils devaient	je devrai tu devras il devra n. devrons v. devrez ils devront	je devrais tu devrais il devrait n. devrions v. devriez ils devraient	je doive tu doives il doive n. devions v. deviez ils doivent
11. **dire** disant dit	je dis tu dis il dit n. disons v. dites ils disent	je disais tu disais il disait n. disions v. disiez ils disaient	je dirai tu diras il dira n. dirons v. direz ils diront	je dirais tu dirais il dirait n. dirions v. diriez ils diraient	je dise tu dises il dise n. disions v. disiez ils disent
12. **écrire** écrivant écrit	j' écris tu écris il écrit n. écrivons v. écrivez ils écrivent	j' écrivais tu écrivais il écrivait n. écrivions v. écriviez ils écrivaient	j' écrirai tu écriras il écrira n. écrirons v. écrirez ils écriront	j' écrirais tu écrirais il écrirait n. écririons v. écririez ils écriraient	j' écrive tu écrives il écrive n. écrivions v. écriviez ils écrivent
13. **être** étant été	je suis tu es il est n. sommes v. êtes ils sont	j' étais tu étais il était n. étions v. étiez ils étaient	je serai tu seras il sera n. serons v. serez ils seront	je serais tu serais il serait n. serions v. seriez ils seraient	je sois tu sois il soit n. soyons v. soyez ils soient
14. **faire** faisant fait	je fais tu fais il fait n. faisons v. faites ils font	je faisais tu faisais il faisait n. faisions v. faisiez ils faisaient	je ferai tu feras il fera n. ferons v. ferez ils feront	je ferais tu ferais il ferait n. ferions v. feriez ils feraient	je fasse tu fasses il fasse n. fassions v. fassiez ils fassent

不定詞 現在分詞 過去分詞	直　説　法			条件法	接続法
	現　在	半過去	単純未来	現　在	現　在
15. **finir** finissant fini	je finis tu finis il finit n. finissons v. finissez ils finissent	je finissais tu finissais il finissait n. finissions v. finissiez ils finissaient	je finirai tu finiras il finira n. finirons v. finirez ils finiront	je finirais tu finirais il finirait n. finirions v. finiriez ils finiraient	je finisse tu finisses il finisse n. finissions v. finissiez ils finissent
16. **lever** levant levé	je lève tu lèves il lève n. levons v. levez ils lèvent	je levais tu levais il levait n. levions v. leviez ils levaient	je lèverai tu lèveras il lèvera n. lèverons v. lèverez ils lèveront	je lèverais tu lèverais il lèverait n. lèverions v. lèveriez ils lèveraient	je lève tu lèves il lève n. levions v. leviez ils lèvent
17. **manger** mangeant mangé	je mange tu manges il mange n. mangeons v. mangez ils mangent	je mangeais tu mangeais il mangeait n. mangions v. mangiez ils mangeaient	je mangerai tu mangeras il mangera n. mangerons v. mangerez ils mangeront	je mangerais tu mangerais il mangerait n. mangerions v. mangeriez ils mangeraient	je mange tu manges il mange n. mangions v. mangiez ils mangent
18. **mettre** mettant mis	je mets tu mets il met n. mettons v. mettez ils mettent	je mettais tu mettais il mettait n. mettions v. mettiez ils mettaient	je mettrai tu mettras il mettra n. mettrons v. mettrez ils mettront	je mettrais tu mettrais il mettrait n. mettrions v. mettriez ils mettraient	je mette tu mettes il mette n. mettions v. mettiez ils mettent
19. **partir** partant parti	je pars tu pars il part n. partons v. partez ils partent	je partais tu partais il partait n. partions v. partiez ils partaient	je partirai tu partiras il partira n. partirons v. partirez ils partiront	je partirais tu partirais il partirait n. partirions v. partiriez ils partiraient	je parte tu partes il parte n. partions v. partiez ils partent
20. **payer** payant payé	je paie tu paies il paie n. payons v. payez ils paient	je payais tu payais il payait n. payions v. payiez ils payaient	je paierai tu paieras il paiera n. paierons v. paierez ils paieront	je paierais tu paierais il paierait n. paierions v. paieriez ils paieraient	je paie tu paies il paie n. payions v. payiez ils paient
21. **pouvoir** pouvant pu	je peux tu peux il peut n. pouvons v. pouvez ils peuvent	je pouvais tu pouvais il pouvait n. pouvions v. pouviez ils pouvaient	je pourrai tu pourras il pourra n. pourrons v. pourrez ils pourront	je pourrais tu pourrais il pourrait n. pourrions v. pourriez ils pourraient	je puisse tu puisses il puisse n. puissions v. puissiez ils puissent

不定詞 現在分詞 過去分詞	直　　説　　法			条件法	接続法
	現　在	半過去	単純未来	現　在	現　在
22. **préférer** préférant préféré	je préfère tu préfères il préfère n. préférons v. préférez ils préfèrent	je préférais tu préférais il préférait n. préférions v. préfériez ils préféraient	je préférerai tu préféreras il préférera n. préférerons v. préférerez ils préféreront	je préférerais tu préférerais il préférerait n. préférerions v. préféreriez ils préféreraient	je préfère tu préfères il préfère n. préférions v. préfériez ils préfèrent
23. **prendre** prenant pris	je prends tu prends il prend n. prenons v. prenez ils prennent	je prenais tu prenais il prenait n. prenions v. preniez ils prenaient	je prendrai tu prendras il prendra n. prendrons v. prendrez ils prendront	je prendrais tu prendrais il prendrait n. prendrions v. prendriez ils prendraient	je prenne tu prennes il prenne n. prenions v. preniez ils prennent
24. **recevoir** recevant reçu	je reçois tu reçois il reçoit n. recevons v. recevez ils reçoivent	je recevais tu recevais il recevait n. recevions v. receviez ils recevaient	je recevrai tu recevras il recevra n. recevrons v. recevrez ils recevront	je recevrais tu recevrais il recevrait n. recevrions v. recevriez ils recevraient	je reçoive tu reçoives il reçoive n. recevions v. receviez ils reçoivent
25. **savoir** sachant su	je sais tu sais il sait n. savons v. savez ils savent	je savais tu savais il savait n. savions v. saviez ils savaient	je saurai tu sauras il saura n. saurons v. saurez ils sauront	je saurais tu saurais il saurait n. saurions v. sauriez ils sauraient	je sache tu saches il sache n. sachions v. sachiez ils sachent
26. **venir** venant venu	je viens tu viens il vient n. venons v. venez ils viennent	je venais tu venais il venait n. venions v. veniez ils venaient	je viendrai tu viendras il viendra n. viendrons v. viendrez ils viendront	je viendrais tu viendrais il viendrait n. viendrions v. viendriez ils viendraient	je vienne tu viennes il vienne n. venions v. veniez ils viennent
27. **voir** voyant vu	je vois tu vois il voit n. voyons v. voyez ils voient	je voyais tu voyais il voyait n. voyions v. voyiez ils voyaient	je verrai tu verras il verra n. verrons v. verrez ils verront	je verrais tu verrais il verrait n. verrions v. verriez ils verraient	je voie tu voies il voie n. voyions v. voyiez ils voient
28. **vouloir** voulant voulu	je veux tu veux il veut n. voulons v. voulez ils veulent	je voulais tu voulais il voulait n. voulions v. vouliez ils voulaient	je voudrai tu voudras il voudra n. voudrons v. voudrez ils voudront	je voudrais tu voudrais il voudrait n. voudrions v. voudriez ils voudraient	je veuille tu veuilles il veuille n. voulions v. vouliez ils veuillent

著者紹介

フランソワ・ルーセル（François ROUSSEL）
　　大東文化大学教授

丸川　誠司（まるかわ　せいじ）
　　早稲田大学教授

新 トーム・アン

［音声無料ダウンロード＆ストリーミング］

2024 年 2 月 1 日　初版 1 刷発行

著者	フランソワ・ルーセル
	丸川　誠司
DTP	dice
印刷・製本	精文堂印刷株式会社
音声制作	株式会社 中録新社
発行	株式会社 駿河台出版社
	〒 101-0062 東京都千代田区神田駿河台 3-7
	TEL 03-3291-1676 / FAX 03-3291-1675
	http://www.e-surugadai.com
発行人	上野 名保子

LES RÉGIONS DE FRANCE

Guadeloupe
Martinique
Guyane

Mayotte

Réunion

62
PAS-DE-CALAIS
Lille

59
NORD
Arras

80
SOMME

HAUTS-DE-FRANCE

Amiens

02
AISNE

Charleville-
Mézières

08
ARDENNES

76
SEINE-MARITIME
Rouen

Beauvais

60
OISE

Laon

Châlons-
en-Champagne

55
MEUSE

Metz

57
MOSELLE

Nancy

67
BAS-RHIN

50
MANCHE

14
CALVADOS
Caen

St-Lô

27
EURE

Évreux

Pontoise
95
VAL-D'OISE
Bobigny

51
MARNE

Bar-le-Duc

54
MEURTHE-ET-MOSELLE

Strasbourg

NORMANDIE

61
ORNE

Nanterre
Versailles
78
YVELINES
Paris
Créteil
Évry
77
SEINE-
ET-MARNE

GRAND EST

Épinal

88
VOSGES

Colmar

68
HAUT-RHIN

Brest

29
FINISTÈRE

St-Brieuc

22
CÔTES D'ARMOR

Rennes

Alençon

91
ESSONNE

Melun

ÎLE-DE-FRANCE

Troyes

10
AUBE

Chaumont

52
HAUTE-MARNE

Vesoul

70
HAUTE-SAÔNE

Belfort

90
TERRITOIRE-
DE-BELFORT

Quimper

BRETAGNE

56
MORBIHAN

Vannes

53
MAYENNE

Laval

35
ILLE-ET-VILAINE

Le Mans

72
SARTHE

Chartres

28
EURE-ET-LOIR

Orléans

45
LOIRET

89
YONNE

Auxerre

21
CÔTE-D'OR

Dijon

Besançon

25
DOUBS

44
LOIRE-ATLANTIQUE

Angers

49
MAINE-ET-LOIRE

Tours

41
LOIR-ET-CHER

Blois

CENTRE-VAL DE LOIRE

Bourges

58
NIÈVRE

BOURGOGNE-
FRANCHE-COMTÉ

Nantes

PAYS DE LA LOIRE

La Roche-sur-Yon

85
VENDÉE

79
DEUX-SÈVRES

Poitiers

37
INDRE-ET-LOIRE

36
INDRE

Châteauroux

18
CHER

Nevers

71
SAÔNE-ET-LOIRE

39
JURA

Lons-
le-Saunier

Niort

86
VIENNE

Moulins

Mâcon

17
CHARENTE-MARITIME

La Rochelle

16
CHARENTE

87
HAUTE-VIENNE

Guéret

23
CREUSE

03
ALLIER

69
RHÔNE

Bourg-en-Bresse

01
AIN

74
HAUTE-SAVOIE

Annecy

Angoulême

Limoges

63
PUY-DE-DÔME

Clermont-Ferrand

42
LOIRE

Lyon

AUVERGNE-
RHÔNE-ALPES

Chambéry

73
SAVOIE

NOUVELLE-
AQUITAINE

19
CORRÈZE

St-Étienne

43
HAUTE-LOIRE
Le Puy-en-Velay

Grenoble

38
ISÈRE

Périgueux

Tulle

15
CANTAL

Aurillac

Privas

07
ARDÈCHE

Valence

26
DRÔME

Gap

05
HAUTES-ALPES

Bordeaux

33
GIRONDE

24
DORDOGNE

46
LOT

Cahors

Rodez

Mende

48
LOZÈRE

04
ALPES-
DE-HAUTE-PROVENCE

47
LOT-ET-GARONNE

12
AVEYRON

30
GARD

84
VAUCLUSE

Digne-les-Bains

06
ALPES-
MARITIMES

40
LANDES

Agen

82
TARN-ET-GARONNE

Montauban

81
TARN
Albi

Nîmes

Avignon

Nice

Mont-de-Marsan

32
GERS

Auch

Toulouse

OCCITANIE

34
HÉRAULT

Montpellier

13
BOUCHES-DU-RHÔNE

PROVENCE-
ALPES-
CÔTE D'AZUR

64
PYRÉNÉES-ATLANTIQUES

Pau

Tarbes

31
HAUTE-GARONNE

Carcassonne

Marseille

Toulon

83
VAR

65
HAUTES-PYRÉNÉES

09
ARIÈGE
Foix

11
AUDE

Perpignan

66
PYRÉNÉES-ORIENTALES

Métropole

0   100   200   300   400   500 km

2B
HAUTE-CORSE

CORSE

Ajaccio

2A
CORSE-DU-SUD

© Institut national de l'information géographique et forestière, France - 2016

GUADELOUPE

Basse-
Terre

971

MARTINIQUE

Fort-de-France

972

GUYANE

Cayenne

973

MAYOTTE

Mamoudzou

976

RÉUNION

St-Denis

974

0 50 100 150 200 250 300 350 400 km

DROM